성경 순서표 & 장·절수

◆구약 성경 순서표◆

구분	약자	장수	절수
창세기	창	50장	1,533절
출애굽기	출	40장	1,213절
레위기	레	27장	859절
민수기	민	36장	1,288절
신명기	신	34장	959절
여호수아	수	24장	658절
사사기	삿	21장	618절
룻기	룻	4장	85절
사무엘상	삼상	31장	810절
사무엘하	삼하	24장	695절
열왕기상	왕상	22장	816절
열왕기하	왕하	25장	719절
역대기상	대상	29장	942절
역대기하	대하	36장	822절
에스라	스	10장	280절
느헤미야	느	13장	406절
에스더	에	10장	167절
욥기	욥	42장	1,070절
시편	시	150장	2,461절
잠언	잠	31장	915절
전도서	전	12장	222절
아가서	아	8장	117절
이사야	사	66장	1,292절
예레미야	렘	52장	1,364절
예레미야애가	애	5장	154절
에스겔	겔	48장	1,273절
다니엘	단	12장	357절
호세아	호	14장	197절
요엘	욜	3장	73절
아모스	암	9장	146절
오바댜	옵	1장	21절
요나	욘	4장	48절
미가	미	7장	105절
나훔	나	3장	47절
하박국	합	3장	56절
스바냐	습	3장	53절
학개	학	2장	38절
스가랴	슥	14장	211절
말라기	말	4장	55절
총		929장	23,145절

◆신약 성경 순서표◆

구분	약자	장수	절수
마태복음	마	28장	1,071절
마가복음	막	16장	678절
누가복음	눅	24장	1151절
요한복음	요	21장	879절
사도행전	행	28장	1007절
로마서	롬	16장	433절
고린도전서	고전	16장	437절
고린도후서	고후	13장	257절
갈라디아서	갈	6장	149절
에베소서	엡	6장	155절
빌립보서	빌	4장	104절
골로새서	골	4장	95절
데살로니가전서	살전	5장	89절
데살로니가후서	살후	3장	47절
디모데전서	딤전	6장	113절
디모데후서	딤후	4장	83절
디도서	딛	3장	46절
빌레몬서	몬	1장	25절
히브리서	히	13장	303절
야고보서	약	5장	108절
베드로전서	벧전	5장	105절
베드로후서	벧후	3장	61절
요한일서	요일	5장	105절
요한이서	요이	1장	13절
요한삼서	요삼	1장	14절
유다서	유	1장	25절
요한계시록	계	22장	404절
총		260장	7,957절

총계 : 66권 1,189장 31,102절

한 권으로 읽는

명화 속 성경나라

구약 신약

편집부

가나북스

들어가는 말

성경 전체의 주제는 “예수그리스도”랍니다. 때문에, 성경 어디를 읽어도 “예수그리스도”가 보여야 해요.

이 책의 특징은 성경의 이야기를 명화로 표현한 유명 화가들의 작품이 실려 있어요. 그동안 수많은 화가들이 나름, 성경의 이해를 돕기 위해 성화로 그려냈답니다.

하나님의 천지창조, 노아의 홍수, 홍해를 건넌 사건, 예수님의 십자가 죽음과 부활, 제자들의 복음 전파, 다시 오실 예수님에 이르기까지 성경 속 이야기가 오랜 세월 동안 많은 예술가에게 영감을 준 소재였어요.

저명한 화가들이 성경 이야기를 경건한 마음으로 화폭에 옮겼고, 그 이야기들이 또 다른 느낌으로 살아 움직이게 되었답니다.

이 책에는 미켈란젤로, 렘브란트, 레오나르도 다 빈치 등 잘

알려진 화가들의 작품도 있고, 조금은 익숙하지 않은 이름의 화가가 그린 그림도 있어요. 하지만, 그림을 번갈아 가며 감상해보는 재미도 쏠쏠하답니다. 그림 저 너머, 어딘가 있을 미지의 세계가 아닌 영원한 생명의 하늘나라로 우릴 안내할 그런 이야기가 펼쳐질 것입니다.

명화는 화가 개인의 생각을 성경 말씀을 근거로 화폭에 표현했을 뿐이지만 하나님의 말씀인 성경은 일점일획도 변함없는 정확무오한 진리, 그 자체랍니다.

또한, 구약성경은 이 땅에 오실 "예수그리스도", 신약성경은 오신 "예수그리스도"와 다시 오실 "예수그리스도"를 말씀하신 책이에요.

이제, 그 "예수그리스도"를 만나러 명화를 감상하면서 성경 속으로 들어가 볼까요!!

차례

신약 New Testament

구약

Old Testament

천지창조

하나님께서는 이 세상을 만드시고 첫 사람인 아담과 하와에게 에덴동산을 관리하게 하신다.

하지만 아담과 하와는 하나님께서 먹지 말라고 하신 선악과 열매를 먹는 죄를 짓고 결국, 에덴동산에서 쫓겨난다.

이후 세상에 흩어진 사람들이 하나님을 잊고 살자, 하나님께서는 모든 사람을 대홍수로 심판하신다.

화가는 4년(1508-1512년) 동안 시스티나 건물의 천장화를 그리기 위해 프로그램을 짜고 작품을 하나씩 채워 나갔다.

〈천지창조〉는 구약 성경의 천지창조를 주제로 〈빛과 어둠의 분리〉, 〈해와 달의 창조〉, 〈물과 땅의 분리〉, 〈아담의 창조〉, 〈하와의 창조〉, 〈원죄와 낙원 추방〉, 〈노아의 제물〉, 〈대홍수〉, 〈술 취한 노아〉 등 9개의 그림으로 구성되어 있다.

이것은 세계 최대의 벽화이다.

미켈란젤로 부오나로티 | 1508-1512년 | 프레스코 | 41.2×13.2m |
시스틴 채플, 바티칸 시티

태초에 하나님이

이 세상에 아무것도 없었을 때에, 하나님께서는 말씀으로 하나씩 만물을 창조하셨다.

첫째 날 하나님께서 "빛이 있으라." 말씀하시자 빛이 생겼다. 하나님은 이 빛을 밝음과 어두움으로 나누신 뒤, 밝음은 낮이라 부르시고 어두움은 밤이라 부르셨다. 이것이 하나님께서 첫째 날 하신 일이다.

이 작품은 화가가 영국 런던에 살 때 계단 위에서 떠오른 환상을 바탕으로, 깊은 바다 앞에서 컴퍼스를 세우고 만물을 창조하는 여호와의 모습을 표현한 것이다.

붉고 노란 색깔이, 어둠을 비추는 생명의 밝은 기운을 잘 드러내고 있다.

윌리엄 블레이크 | 1794년 | 릴리프 에칭과 채석 | 23×17cm | 워싱턴 국회 도서관, 미국

아담과 하와의 범죄

뱀은 선악을 알게 하는 나무의 열매를 먹으면 하나님처럼 지혜로워진다는 달콤한 말로 하와를 유혹한다.

하와는 뱀의 유혹에 못 이겨 무척 탐스러워 보이는 그 열매를 따 먹고, 아담에게도 건네준다.

그러자 눈이 밝아져 자신들이 벌거벗은 것을 부끄러워하게 된 아담과 하와는, 황급히 숲에 몸을 숨긴다.

이 그림은 아담과 하와가 뱀의 유혹에 넘어가 하나님의 명을 어기고 선악과를 먹은 뒤, 자신들이 알몸임을 깨닫고 부끄러워하는 모습을 보여 주고 있다.

알브레히트 뒤러 | 1507년 | 패널에 유채 | 209x81cm | 프라도 미술관, 마드리드

에덴동산과 인류의 타락

에덴동산은 사람에게 지상 낙원이었다. 이곳에서 아담과 하와는 선악과를 제외한 모든 것을 먹으며 행복하게 살아가고 있었다.

그런데 뱀의 유혹에 빠져 먹지 말라고 금한 선악과를 따 먹음으로 에덴동산에서 쫓겨나 그 후 땀을 흘리며 땅을 일구어야 먹을 수 있게 된다.

이 작품은 에덴동산에서 추방당하기 직전의 아담과 하와의 모습을 표현한 것으로, 공방을 운영하던 루벤스가 얀 브뤼겔과 함께 그렸다.

브뤼겔은 이 작품에서 꽃과 나무, 동물을 표현했고, 루벤스는 에덴동산에서 즐거워하고 있는 아담과 하와를 그렸다.

작품 곳곳에 동물을 그려 넣은 것은 온갖 진귀한 동물들이 모여 있는 에덴동산을 표현하기 위해서다.

얀 브뤼겔, 페테르 파울 루벤스 | 1617년경 | 목판에 유채 | 74×114cm | 마우리츠호이스 왕립 미술관, 헤이그

아벨을 죽이는 가인

에덴동산에서 쫓겨난 아담과 하와는 가인과 아벨을 낳는다.

가인과 아벨은 하나님께 제사를 드렸는데, 하나님께서는 동생 아벨의 것을 받으시고 형 가인의 것은 받지 않으신다. 이 일에 화가 난 가인은, 어느 날 동생 아벨을 들판으로 불러내 죽인다.

이것이 인류의 첫 번째 살인 사건이다.

이 그림에서 화가는 질투와 분노의 감정을 이기지 못하고 동생 아벨을 죽이는 형 가인의 모습을 담았다.

그는 명암을 대조하여 인물에 성격을 불어넣은 화가로 유명한데, 이 그림에서도 그러한 특징이 그대로 나타난다.

특히 방망이로 내리치는 가인의 모습과, 두려운 표정으로 이를 보는 아벨의 모습이 바로 현장을 지켜보는 듯 생생한 느낌을 준다.

바르톨로메오 만프레디 | 1610년 | 캔버스에 유채 | 152×115cm |
빈 미술사 박물관, 오스트리아

대홍수

시간이 갈수록 하나님을 섬기고 하나님께 예배하는 사람들이 줄어들어, 결국 온 세상엔 사람의 악한 생각과 행동들이 가득하게 된다.

이 모습을 보신 하나님께서는 창조하신 모든 것을 물로 쓸어 없애 버리기로 결심하신다.

이때 하나님을 잘 믿고 하나님께 순종했던 노아와 그의 가족만이 구원을 받는다.

이 그림은 〈천지창조〉의 일부분으로, 대홍수가 왔을 때 목숨을 건지기 위해 몸부림치는 사람들의 모습이 곳곳에 표현되어 있다.

미켈란젤로 부오나로티 | 1508-1511년 | 프레스코 | 280x570cm | 시스틴 채플, 바티칸 시티

노아의 방주

하나님께서는 이 세상을 물로 쓸어 버리시기 전, 노아에게 큰 배를 만들라고 명하신다.

그리고 그 배에 모든 동물의 암수 한 쌍씩 태우도록 하신다.

이 그림은 노아가 하나님께 순종하여 배를 만들고 난 뒤, 동물들이 줄지어 배 안으로 들어가는 모습을 담았다.

화가는 독실한 기독교인으로, 독학으로 그림을 배웠으며, 자신의 종교적 신념을 그림에 녹여낸 것으로 유명하다.

안정적인 구도와 단순한 색채가 동물들의 모습과 어우러져 평화로운 분위기를 자아낸다.

에드워드 힉스 | 1846년 | 캔버스에 유채 |
필라델피아 미술관, 미국

감사의 번제를 올리는 노아의 가족

인간의 범죄로 인하여 하나님께서 창조하신 피조물을 대홍수로 다 쓸어 버리는 재앙을 내리신다.

하지만 노아와 가족들은 하나님의 명령에 따라 방주를 만들어 그 심판에서 구원받는다. 물이 다 빠진 후, 방주에서 나온 노아와 가족들은 하나님께 제사를 드린다.

제사를 받으신 하나님께서는 다시는 물로 사람을 심판하지 않겠다는 약속으로 무지개를 보여 주신다.

이 그림은 대홍수로 온 세상이 물에 잠긴 후, 노아와 그의 가족이 방주에서 나와 하나님께 감사의 번제를 드리는 장면이다.

등장인물은 노아와 아내, 세 명의 아들과 그들의 아내 등 모두 8명이다.

방주 안에 있던 동물들이 지상으로 다시 나가는 모습을 보여 주기 위해 여러 동물을 강가와 들판에 그렸다.

요제프 안톤 코흐 | 1803년 | 캔버스에 유채 | 116×86cm | 슈타델 미술관, 프랑크푸르트

바벨탑

사람들이 시날 땅에서 평평한 땅을 발견하고는 탑을 쌓기 시작한다.

그들은 하늘까지 닿는 탑을 쌓아 흩어지지 말자고 한다. 자꾸만 욕심을 내고 높아지려는 사람들의 행동을 못마땅해 하신 하나님께서는, 그들이 탑을 쌓는 동안 그때까지 하나였던 언어를 혼란하게 만드신다.

서로 말이 통하지 않자, 사람들은 탑 쌓는 일을 중단하고 온 땅에 흩어지게 된다.

화가는 바벨탑을 세 점 이상 그린 것으로 알려졌는데, 현재 두 개가 남아 있다.

이 작품은 그중 하나인 〈큰 바벨탑〉이며, 다른 하나는 〈작은 바벨탑〉 (75×60)으로 불린다(크기에 따라). 바벨탑 왼쪽 아래 신하를 거느린 니므롯 왕이 작업을 감독하고 있고, 그의 앞에 석수가 무릎을 꿇고 엎드려 있는 것을 볼 수 있다.

피테르 브뤼헐 | 1563년 | 목판에 유채 | 155×114cm | 빈 미술사 박물관, 오스트리아

아브라함과 이삭의 순종

백세에 낳은 아들 이삭을 제물로 바치라는 하나님의 말씀에 순종하여, 아브라함은 모리아 산으로 간다.

하지만 아브라함의 칼이 이삭을 찌르려는 순간 하나님께서 멈추게 하신다. 이 일로 아브라함이 하나님을 얼마나 잘 믿는지 시험해 보신 하나님께서는 이삭 대신 숫양을 제물로 바치게 하신다.

화가는 천사가 아브라함의 칼을 떨어뜨리는 순간을 그렸다.

칼이 바닥에 닿기도 전인 찰나의 순간을 포착한 것이 긴장감을 준다.

모든 빛이 장작에 누워 있는 이삭을 비추며, 아브라함은 아들의 얼굴을 손으로 가리고 있다.

차마 아들의 얼굴을 보면서 칼을 들이댈 수 없는 아브라함의 안타까운 마음이 드러나 있다.

렘브란트 판 레인 | 1635년 | 캔버스에 유채 | 193×133cm |
에르미타주 미술관, 상트 페테르부르크

소돔과 고모라의 멸망

소돔과 고모라는 악이 가득한 성이었다.

사람마다 하나님을 멸시하고 하나님께서 싫어하시는 죄를 짓자, 결국 하나님께서는 이 성을 멸망시키기로 작정하신다.

하지만 아브라함이 슬퍼할까 봐 아브라함의 조카 롯과 그의 가족은 대피시키신다.

천사의 인도로 롯과 두 딸은 탈출하지만, 롯의 아내는 천사의 명을 어기고 뒤를 돌아보아 소금 기둥이 되어 버린다.

마지막 날을 상징하는 듯한 이 그림에는, 불과 번개로 온통 붉게 물든 소돔과 고모라 성 뒤로 언덕을 오르는 롯과 두 딸의 모습이 담겨 있다.

존 마틴 | 1852년 | 캔버스에 유채 | 136.3×212.3cm | 라잉 미술관, 뉴캐슬

에서와 야곱

들에서 사냥을 하다가 지쳐 돌아온 에서는 동생 야곱이 붉은 죽을 끓이고 있는 것을 보고는 죽을 달라고 한다.

속임수에 능했던 야곱은 자신에게 장자권을 팔면 죽을 주겠다고 한다.

에서는 배고파 죽을 지경인데 장자권이 무슨 소용이 있느냐면서 붉은 죽 한 그릇에 장자권을 팔아 버린다. 이후, 에서는 속았다는 생각에 분하여 야곱을 죽이려고 마음먹었다.

야곱은 에서를 피해 멀리 외삼촌 라반이 사는 곳으로 도망친다.

이 그림은 이삭의 아들 야곱이 쌍둥이 형 에서에게 장자권을 사고 죽을 건네주는 장면이다.

둘이 손을 잡은 것은 거래가 성사된 것을 의미한다. 식탁 위에는 거래의 수단으로 쓰인 죽이 놓여 있다.

마티아스 스토메르 | 17세기 | 캔버스에 유채 | 96×117cm

야곱의 축복

이삭이 늙어 눈이 거의 보이지 않을 즈음, 이삭은 맏아들 에서에게 장자의 축복을 내리기 위해 사냥을 해 오라고 시킨다.

이 사실을 안 이삭의 아내 리브가와 둘째 아들 야곱은 이삭을 속여 에서가 받을 축복을 가로챈다.

이 그림에는 야곱의 검은 손(염소 가죽을 두른 손)과 하얀 얼굴이 대조를 이루고 있으며, 혹시라도 들키지 않을까 하는 두려운 마음이 야곱의 표정에 고스란히 드러나 있다.

야곱을 에서라고 믿고 복을 내리는 이삭 옆에는 아내 리브가가 있다.

리브가는 야곱이 에서 대신 축복을 받을 수 있도록 고기 요리, 빵, 포도주를 준비한다.

호페르트 플링크 | 1638년 | 캔버스에 유채 | 117×141cm |
암스테르담 국립 미술관, 네덜란드

야곱의 꿈

형 에서가 받아야 할 축복을 가로채고 멀리 외삼촌 라반의 집으로 도망치던 야곱은, 어느 한곳에 이르러 돌베개를 베고 잠을 청한다.

그날 밤 야곱은 꿈에서 하나님의 사자가 사닥다리를 오르락내리락하는 장면을 본다.

하나님께서는 야곱에게 복을 받게 될 것이고, 약속한 것이 이룰 때까지 함께하시겠다고 말씀하신다.

잠에서 깬 야곱은 그곳을 '하나님의 집'이란 뜻으로 '벧엘'이라 이름 붙인다.

이 그림은 야곱이 꾼 꿈의 내용을 표현한 것이다.

화가는 젊었을 때 렘브란트로부터 영향을 받아 익힌 명암법을 천사가 사닥다리를 오르내리는 장면에 그대로 표현했다.

미하엘 빌만 | 17세기 후반 | 캔버스에 유채 | 106×87cm | 보데 박물관, 독일

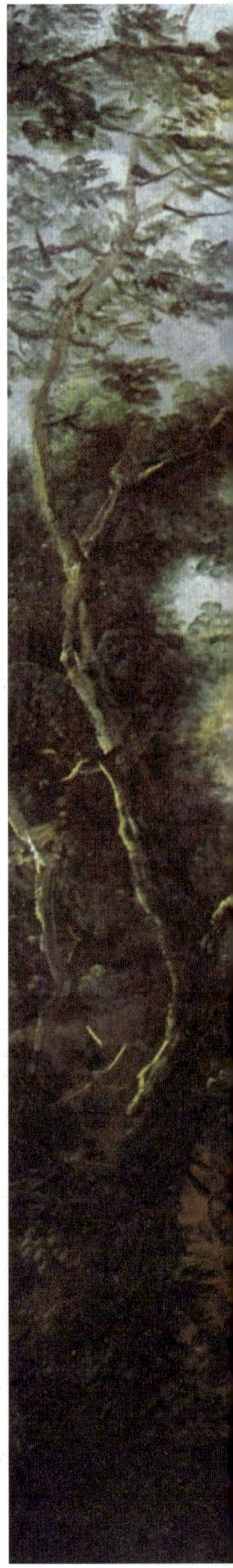

야곱과 라헬

야곱은 형 에서를 피해 외삼촌 라반이 사는 하란으로 간다. 그곳에서 양 떼에게 물을 먹이러 오는 라반의 딸 라헬을 보고 입을 맞춘다.

야곱은 라헬에게 우물 입구의 돌을 치워 주는 친절을 베풀고, 라헬과 결혼하기 위해 외삼촌 라반의 집에서 장장 14년을 일한다.

이 작품은 야곱과 라헬의 첫 만남을 그리고 있다.

고생 끝에 외삼촌이 사는 곳까지 찾아온 야곱이 반겨 안는 것에 비해 라헬은 야곱을 살짝 밀어내는 듯한 인상을 준다.

요제프 폰 퓌리히 | 19세기 | 프레스코 |
벨레데레 미술관, 오스트리아

야곱과 에서의 만남

얍복 강가에서 하나님의 천사와 씨름한 야곱은 엉덩이뼈를 다쳐서 절뚝거린다.

하지만 야곱은 하나님의 천사에게 축복을 받고 하나님께서 자신을 지켜 주신다는 확신을 가지고 형 에서에게 향한다.

야곱은 400명의 군사를 거느린 채 자신을 기다리던 형에게 일곱 번 절을 한 뒤 화해를 한다.

에서의 뒤편에는 군사들이, 야곱의 뒤편에는 아이들과 가족들이 그려져 있는 것이 눈에 띈다.

조반니 마리아 보탈라 | 1636-1641년 | 캔버스에 유채 | 238×334cm | 카피톨리니 박물관, 라치오

요셉을 파는 형제들

요셉은 야곱의 열한 번째 아들이면서, 야곱이 가장 사랑한 아내 라헬이 낳은 첫 번째 아들이다.

요셉이 아버지의 사랑을 독차지하자, 형들은 요셉을 질투한다.

이 질투와 시기로 형들은 은 20개를 받고 동생 요셉을 이스마엘 상인들에게 팔아 버린다.

집으로 돌아온 형들은 아버지 야곱에게는 요셉이 짐승에게 잡아먹혔다고 거짓말을 한다.

이 그림은 요셉이 상인들에게 노예로 팔리는 장면을 그린 것이다.

옷이 벗겨진 요셉은 이스마엘 상인에게 끌려가고, 중앙에는 요셉의 형들이 다른 이스마엘 상인에게 돈주머니를 받고 있는 모습이 그려져 있다.

그 위로는 다른 형들이 요셉의 옷에 숫염소의 피를 묻히고 있다.

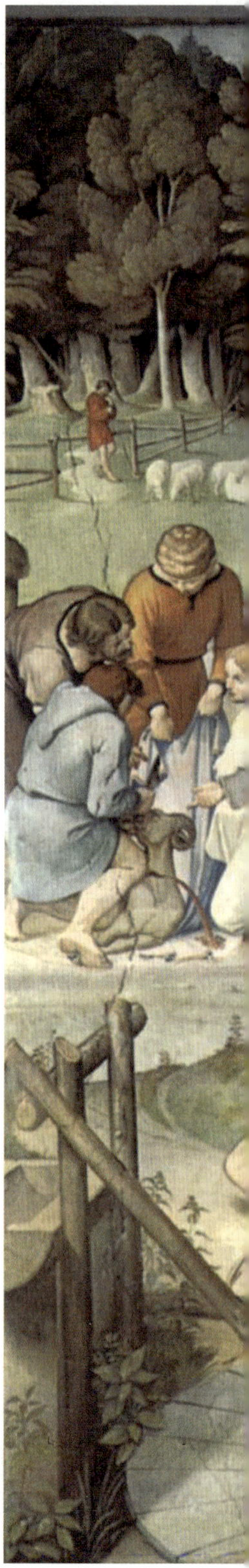

요한 프리드리히 오베어베크 | 1816년 | 프레스코 | 304×243cm |
베를린 구국립 미술관, 독일

바로의 꿈을 해석하는 요셉

하나님께서 요셉에게 지혜를 주셔서 요셉은 꿈을 해석하는 능력을 갖게 된다.

어느 날 이집트의 왕 바로가 이상한 꿈을 꾸고, 이 꿈을 풀기 위해 많은 학자들이 동원되지만, 그 누구도 그의 꿈이 무엇을 뜻하는지 알지 못한다.

결국, 요셉이 꿈을 잘 해석한다는 소문을 듣고, 바로가 요셉을 감옥에서 불러낸다.

요셉은 하나님이 주신 지혜로 꿈을 해석하고, 파라오의 신임을 받아 이집트의 총리가 된다.

이 그림은 화가가 바로의 꿈을 해석하는 장면을 그린 것이다.

사람들이 요셉을 보며 깜짝 놀라는 듯한 표정을 짓고 있으며, 파라오 또한 요셉의 말을 잘 들으려는 듯 몸을 앞쪽으로 기울이고 있다.

요셉은 7년의 풍년, 7년의 흉년을 이야기하며 손가락으로 일곱 개를 나타내고 있다.

레지날드 아서 | 1894년 | 캔버스에 유채 | 101.6×127cm

모세를 발견한 바로의 딸

이집트 고센 땅에 정착한 이스라엘 사람들은 점점 세력이 커지고 그 수가 많아진다.

이집트의 새 왕은 이스라엘 사람들을 노예로 삼고, 핍박하고, 괴롭힌다.

하지만, 그럴수록 이스라엘 사람들은 더 번성한다.

결국, 바로는 이스라엘 집안에 남자아이가 태어나면 나일강에 버리라는 무서운 명령을 내린다.

바로의 딸이 강가에서 목욕을 하다가 이스라엘 아이를 발견하고, 양아들로 삼아 궁전에서 키웠으니 그가 바로 '모세'다. 모세는 '물에서 건지다'라는 뜻이다.

'모세의 발견'은 많은 화가들이 그림의 주제로 삼았다.

에드윈 롱은 다른 화가와 달리 고대 여인들의 모습으로 이 주제의 그림을 그렸는데, 특히 머리 스타일이 눈에 들어온다.

에드윈 롱 | 1886년 | 캔버스에 유채 | 276.8x196.7cm | 브리스틀 박물관, 영국

불타는 떨기나무

이집트의 왕자에서 한순간에 도망자 신세가 된 모세는 광야에서 40년 동안 양치기를 하면서 지낸다.

어느 날 모세는 불타는 떨기나무 앞에서 하나님의 음성을 듣는다.

하나님께서는 이스라엘 백성을 이집트에서 구원할 인도자로 모세를 택하시고, 모세는 할 수 없다고 거부하다가 결국 하나님의 말씀에 순종한다.

이 그림은 불타는 떨기나무 속에서 나타나시는 하나님의 모습을 사실적으로 표현하고 있다.

하나님 곁에 두 천사가 있고, 하나님께서는 오른손을 내밀어 이집트 사람들의 손에서 이스라엘 백성을 구할 것을 모세에게 말씀하신다. 거룩하신 하나님을 만난 모세는 두려움에 사로잡혀 신을 벗고 얼굴을 가리고 있다.

세바스티앙 부르동 | 1642년 | 캔버스에 유채 | 136×106.5cm |
에르미타주 미술관, 상트 페테르부르크

마지막 재앙
장자의 죽음

모세는 이집트 왕 바로에게 이스라엘 백성들을 풀어 줄 것을 요청한다.

바로가 계속 거절하자, 하나님께서는 이집트에 열 가지 재앙을 내리신다.

마지막 열 번째로 내리신 재앙이 장자의 죽음이다.

이 재앙으로 사람이든 가축이든 첫 번째 태어난 생물은 다 죽음을 맞는다. 하지만 문틀에 양의 피를 바른 집 안에서는 재앙이 일어나지 않는다.

바로는 자신의 장자가 죽고 나서야 비로소 이스라엘 백성을 내보내기로 한다.

그림에는 세상을 떠난 바로의 장자가 누워 있고, 그 위로 어머니가 고개를 파묻고 흐느끼고 있다. 어두운 색채가 자식을 잃은 슬픔을 잘 드러낸다.

로렌스 앨머 태디마 | 1872년 | 캔버스에 유채 | 77×124.5cm | 암스테르담 국립 박물관, 네덜란드

홍해에서 이집트의 침몰

장자가 죽고 나서야 비로소 이스라엘 백성이 광야로 나가는 것을 허락한 바로는, 곧 자신의 결정을 후회한다.

그는 결국 군대를 출정시켜 이스라엘 백성을 다시 잡아 오게 한다. 이스라엘 군대는 홍해가 갈라지는 기적으로 무사히 바다를 건너고, 이집트의 군대는 갈라진 홍해에 들어섰다가 모두 수장되고 만다.

왼쪽에 홍해를 건넌 뒤 안도하는 듯한 이스라엘 백성들의 모습과, 오른쪽 바다에 빠져 허우적대는 이집트 군사들의 모습이 대조적이다.

루카스 크라나흐 | 1530년 | 목판에 유채 | 117×82cm | 알테 피나코텍, 뮌헨

모세와 놋뱀

이집트에서 나온 이스라엘 백성은 광야 생활을 하게 된다.

오랜 광야 생활에 지친 이스라엘 백성은 차라리 이집트의 노예로 있었던 시절이 나았노라며, 하나님과 모세를 향해 불평과 불만을 쏟아 낸다.

그러자 하나님께서는 독사들을 보내 백성들을 물어 죽이게 하신다.

하나님께서 다시 백성들을 불쌍히 여겨 모세에게 놋뱀을 만들어 막대기 위에 매달게 하셨으며, 그것을 본 사람들은 살아난다.

이 사건은 인류를 구원하실 예수님의 십자가를 예표한다.

이 그림은 놋뱀을 들고 있는 모세와 백성들의 모습을 그린 것이다.

하늘에서는 뱀들이 날아다니고, 사람들 위로도 뱀들이 우글거린다. 잔뜩 굶주린 뱀이 사람 몸을 친친 감고 있다.

안토니 반 다이크 | 1612년 | 캔버스에 유채 | 205×235cm | 프라도 미술관, 마드리드

금송아지 숭배

하나님의 부르심에 시내 산에서 40일 동안 금식한 모세에게 하나님께서는 십계명을 주신다.

그 시간에 산 아래에서는 하나님을 보여 달라는 백성들의 요청이 빗발치고, 결국 아론이 백성과 함께 금송아지를 만들어 제사를 지낸다.

이 모습을 보고 화가 난 모세는 하나님께 받은, 십계명이 적힌 돌판을 깨뜨린다.

화가는 이 그림에서 금송아지를 부각시켜 우상을 숭배하는 이스라엘 백성의 모습을 강조한다.

큰 제단 위에 우뚝 서 있는 소의 모습이 강렬하다. 실제 고대 근동 지방에서 소는 힘과 풍요의 상징으로 종종 우상으로 섬겨졌다.

니콜라 푸생 | 1634년 | 캔버스에 유채 | 214×154cm | 런던 국립 미술관, 영국

십계명을 든 모세

모세가 하나님께 십계명을 받고 시내산을 내려왔을 때 모세의 눈에 보인 것은 금송아지를 경배하고 있는 이스라엘 백성들이었다.

하나님 외에 다른 신을 섬기지 말라는 말씀을 듣고 산에서 내려왔는데, 백성들이 첫 번째 계명을 어기고 있었던 것이다.

이 작품은 이스라엘 백성이 금송아지를 경배하는 것을 보고 화가 난 모세가, 십계명이 적힌 돌판을 깨뜨리려 번쩍 들어올리는 모습을 그리고 있다.

모세의 표정에 깊은 슬픔과 비통함이 드러난다. 십계명 글씨가 히브리어로 쓰여진 것에서 성경 내용에 충실하려고 한 의도가 엿보인다.

렘브란트 판 레인 | 1659년 | 캔버스에 유채 | 136.5×168.5cm | 베를린 국립 회화관, 독일

기도하는 모세의 손

이집트에서 탈출한 이스라엘 백성이 르비딤으로 갔을 때 아말렉 족속이 쳐들어오고, 이스라엘 백성은 여호수아를 앞세워 아말렉과 싸운다.

이때 산 위에서는 모세가 두 손을 들고 기도하는데 이상한 일이 일어난다.

모세의 두 손이 올라가면 이스라엘이 이기고 손이 내려오면 아말렉이 이기는 것이다.

이에 아론와 훌이 좌우에서 모세의 두 손을 잡고 손이 내려가지 않도록 하였고, 결국 이스라엘은 싸움에서 승리한다.

이 그림은 모세가 기도하는 손이 내려오지 않도록 아론과 훌이 도와주는 장면을 그린 것이다.

모세가 지팡이를 들고 중앙에서 손을 들고 있으며, 모세의 양 옆에서 아론과 훌이 손이 내려가지 않게 잡고 있다.

오른쪽 아래에 있는 화살촉은 전쟁이 일어나고 있음을 보여 준다.

존 밀레이 | 1871년 | 캔버스에 유채 | 194.7×141.3cm | 맨체스터 미술관, 영국

정탐꾼이 가져온 포도송이

모세는 바란 광야의 가데스에서 12명의 정탐꾼을 가나안 땅으로 보낸다.

정탐꾼들은 40일 동안 가나안 곳곳을 누비며 성들을 살피고 그 지역에서 나는 포도송이, 석류, 무화과를 가지고 온다.

그러면서 그들은 가나안은 젖과 꿀이 흐르는 아름다운 땅이지만, 그곳에 사는 사람들은 키가 큰 아낙 자손들이라 상대하기 어렵다고 말한다.

하지만 여호수아와 갈렙, 두 사람만은 다르게 말한다.

이 그림은 화가가 그린 '사계절' - 〈봄 : 지상의 천국〉, 〈여름 : 룻과 보아스〉, 〈가을 : 약속의 땅에서 가져온 포도송이〉, 〈겨울 : 대홍수〉 중 가을에 해당하는 그림이다.

커다란 포도송이를 기분 좋게 메고 가는 두 남자의 모습이 풍성한 가을을 떠올리게 한다.

니콜라 푸생 | 17세기 | 캔버스에 유채 | 118×160cm | 루브르 박물관, 파리

여리고 성의 뿔나팔

가나안 땅을 점령하기 위한 첫 번째 관문인 여리고 성은 매우 튼튼한 성이었다.

하나님께서 여호수아에게 내리신 전술은 칼과 창이 아니라 나팔과 횃불을 들고 성을 도는 것이었다.

칠 일째 되는 날, 이스라엘 백성이 성을 일곱 바퀴 돌자 그 견고한 여리고 성이 무너진다.

하나님의 놀라우신 능력이 일어난 것이다. 이때 사용한 나팔이 쇼파르이다. 쇼파르(Shofar)는 숫양이나 염소, 쿠두(kudu) 등의 뿔로 만든 이스라엘의 대표적인 관악기이다.

이 작품에는 뿔나팔을 불며 여리고 성을 도는 이스라엘 백성들이 그려져 있다. 언약궤를 메고 있는 하얀 옷을 입은 이들이 레위 사람들이다.

장 푸케 | 1452-1460년경 | 양피지 | 콩데 미술관, 샹티이

룻과 보아스

나오미는 흉년 때문에 모압 땅으로 갔다가, 남편과 아들들이 죽자 며느리인 룻과 함께 다시 베들레헴으로 돌아온다.

룻은 아는 이 하나 없는 낯선 곳에서 이삭줍기를 하며 시어머니와 자신의 생계를 꾸려 나간다.

나오미는 밭 주인이 친척인 보아스라는 것을 알고, 룻을 보아스에게 잘 보이도록 한다.

보아스는 룻이 이삭을 충분히 가져갈 수 있도록 배려해 주며, 이후에 룻과 보아스는 결혼한다.

룻은 보아스와의 사이에서 훗날 다윗의 할아버지가 되는 오벳을 낳는다.

이 그림은 룻과 보아스의 이야기를 매우 정확하게 설명하고 있다.

보아스는 룻에게 마음껏 이삭을 주는 것을 허락하고 있으며, 룻은 손에 이삭을 쥔 채 보아스에게 감사의 몸짓을 보이고 있다.

요제프 안톤 코흐 | 1823-1825년 | 캔버스에 유채 | 432X337cm | 밀워키 미술관, 미국

골리앗을 쓰러뜨린 다윗

블레셋의 장수인 거인 골리앗이 하나님을 마음껏 조롱하는데도 이스라엘 군사 중에는 그에 맞서는 사람이 없었다.

소년 다윗은 형들을 만나러 전쟁터에 왔다가 하나님을 조롱하는 골리앗을 발견한다.

무기라고는 물매와 돌멩이 다섯 개가 전부지만, 그는 하나님께서 이스라엘 백성을 도우신다는 것을 믿고 골리앗과 맞서 싸우러 나간다.

다윗은 물매를 돌려 정확하게 골리앗의 이마를 명중시켜 그를 쓰러뜨린다.

이 그림에서 다윗의 등과 다리, 팔, 골리앗의 머리와 어깨는 빛이 강하게 표현되어 있는 반면, 다른 것은 어둡게 표현되어 있다.

골리앗의 이마에 난 상처는 다윗이 던진 돌에 맞은 것이다.

카라바조 | 1599년 | 캔버스에 유채 | 110×91cm | 프라도 미술관, 마드리드

사울 왕과 다윗

이스라엘의 초대 왕인 사울은 하나님의 명령에 불순종하는 죄를 짓는다.

하나님께서는 사울의 행동을 보시고, 사울을 이스라엘의 왕으로 삼은 것을 후회하신다.

하나님의 영이 사울을 떠나고 악한 영이 사울을 괴롭히는 일이 많아지자, 다윗은 그럴 때마다 사울 왕을 위해 수금을 연주한다.

이 그림은 악령으로 고통스러워하는 사울 왕을 위해 다윗이 수금을 타는 장면이다.

사울 왕의 얼굴 표정과 머리를 쥐는 손길에서 고통이 전해진다.

에른스트 요셉손 | 1878년 | 캔버스에 유채 | 스톡홀름 국립 미술관, 스웨덴

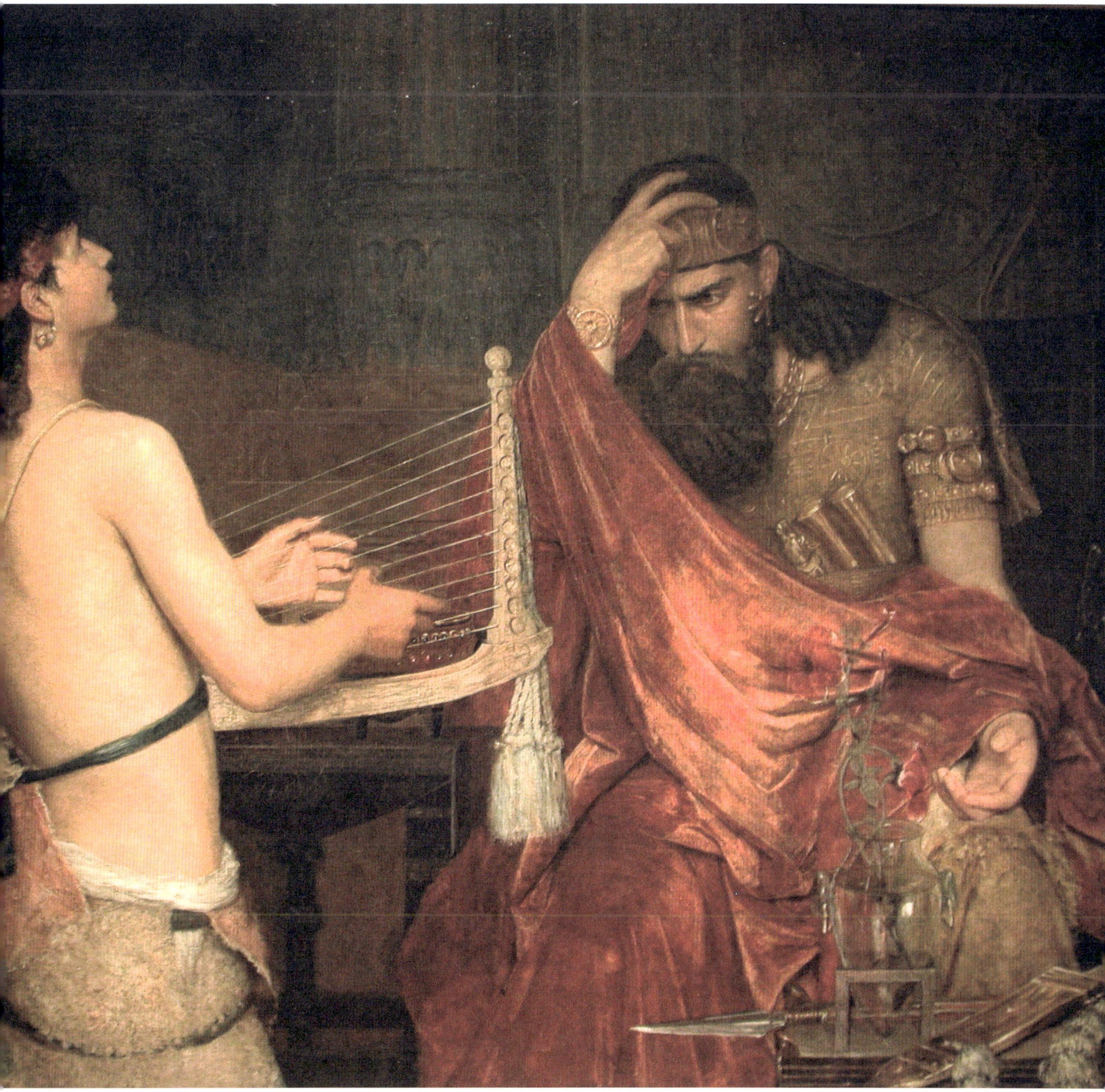

목욕하는 밧세바

전쟁이 한창이던 때, 예루살렘에 머물던 다윗 왕이 목욕하는 한 여인을 보고 사랑에 빠진다.

여인이 다윗의 아이를 갖자, 다윗은 자신의 죄를 감추기 위해 여인의 남편인 우리아를 전쟁터에서 죽게 만든다.

그리고 시간이 지난 후 다윗은 그 여인을 아내로 맞이한다. 이 여인이 바로 밧세바다. 훗날 다윗은 이 일로 하나님 앞에 크게 회개한다.

이 그림은 목욕하는 밧세바의 모습을 그린 것이다.

젊은 여인이 옷을 벗은 채로 손에 편지를 들고 흰 천 위에 앉아 있다. 아마도 왕이 보낸 편지일 것이다.

얼굴 표정으로 보아 고민에 빠진 것으로 보인다.

화가가 처음에는 밧세바의 얼굴을 하늘로 향하게 그렸다는 사실이 엑스레이 검사를 통해 알려지기도 했다.

렘브란트 판 레인 | 1654년 | 캔버스에 유채 | 142×142cm | 루브르 박물관, 파리

사울 왕의 자살

길보아 산에서 이스라엘과 블레셋의 전투가 일어난다.

이때 수많은 이스라엘 사람들이 블레셋 사람들의 손에 죽임을 당하고, 사울 왕의 아들들도 이 싸움에서 죽는다.

싸움은 점점 사울에게 불리해지고, 활 쏘는 사람들이 사울 왕을 따라가 치명적인 상처를 입힌다.

사울은 결국, 이 싸움에서 자기 칼을 빼 들고 그 위에 엎드러져 스스로 목숨을 끊는다.

이 그림은 길보아 전투를 배경으로 하여 사울이 자살하는 장면을 그렸다.

한산한 곳에서 죽어 있는 사울과 그를 따라 자결한 부하의 모습이, 소란한 전쟁터의 모습과 대조를 이룬다.

피테르 브뤼헐 | 1562년 | 목판에 유채 | 33.5×55cm | 빈 미술사 박물관, 오스트리아

솔로몬과 스바 여왕의 만남

다윗의 뒤를 이어 왕이 된 솔로몬은, 하나님께 지혜를 구함으로써 지혜는 물론 부와 명성까지 선물로 받는다.

어느 날 먼 스바 나라의 여왕이 솔로몬의 명성에 관해 듣고 예루살렘을 찾는다.

스바 여왕은 준비해 온 온갖 질문을 솔로몬에게 던지고, 솔로몬은 그 질문에 모두 답을 한다.

스바 여왕은 솔로몬의 지혜에 감탄하고, 성전을 구경한 뒤 하나님을 찬양한다.

그리고, 가져온 금, 은, 보화를 솔로몬에게 준다.

화가는 이 그림에서 두 종류의 공간을 동시에 보여주고 있다.

왼쪽은 솔로몬 왕을 만나기 전의 스바 여왕이고, 오른쪽은 솔로몬 왕이 궁전에서 스바 여왕을 맞이하는 모습이다.

피에로 델라 프란체스카 | 1456년 | 프레스코 | 산 프란체스코 성당, 아레초

솔로몬의 지혜로운 재판

두 여인이 각각 죽은 아이 하나와 살아 있는 아이 하나를 솔로몬에게 데리고 온다.

둘은 서로 살아 있는 아이가 자신의 아이이며, 죽은 아이가 상대방의 아이라고 주장한다.

솔로몬은 누구의 아이인지 모르니 살아 있는 아이를 반으로 갈라서 둘에게 똑같이 나눠 주라고 명령한다.

그러자 한 여인은 그렇게 하는 것이 좋겠다고 말하지만, 다른 한 여인은 제발 아기를 죽이지만은 말아 달라고 울면서 간청한다.

솔로몬은 그 여인이 바로 살아 있는 아이의 어머니라고 판단을 내린다.

이 그림은 솔로몬의 재판 장면을 그린 것이다.

솔로몬이 최종 판결을 내리자, 병사 하나가 칼을 빼내 아이를 가르려 하고 있다.

이 상황에서 죽은 아이를 안고 있는 여인은 손가락질을 하면서 그렇게 하라고 말하고 있고, 병사 옆에 있는 여인은 두 팔을 벌리며 아이를 죽이지 말라고 한다.

니콜라 푸생 | 1649년 | 캔버스에 유채 | 101×150cm | 루브르 박물관, 파리

예루살렘 성전의 파괴

이스라엘이 북이스라엘과 남유다로 갈라진 후 북이스라엘은 앗수르에게 멸망을 당하고, 남유다는 예루살렘이 로마의 티투스 장군에 의해 함락당하면서 바벨론에 멸망하고 만다.

이들이 멸망한 이유는 하나님을 섬기지 않고, 하나님의 말씀을 따르지 않았기 때문이다.

이 그림은 파괴되는 예루살렘의 모습을 그린 것으로, 화가는 극도로 세밀한 묘사와 인물의 미세한 감정 변화까지 포착해 내는 정교함으로 명성을 얻었다.

유대 사람들이 로마 군인들에게 무참히 학살되는 장면이 곳곳에 그려졌다.

프란체스코 하예즈 | 1867년 | 캔버스에 유채 | 183×252cm |
카 페사로 현대미술갤러리, 베네치아

삼손과 들릴라

나실인이었던 삼손은 태어나 한 번도 머리카락을 자르지 않았다.

힘이 장사인 삼손 때문에 괴로움을 당하던 블레셋 사람들은, 삼손이 사랑하는 여인 들릴라를 내세워 힘의 원천이 무엇인지 알게 한다.

삼손은 들릴라에게 계속 거짓말을 하다가 결국에는 머리카락에서 힘이 나온다는 것을 이야기하고 만다.

그러자 삼손이 잠든 후 삼손의 머리카락이 잘리고, 삼손은 결국 힘을 잃은 채 블레셋 사람들에게 잡히고 만다.

이 그림 속 들릴라의 표정은 복잡하고 모호해 보이지만, 그녀의 손은 삼손을 안심시키는 듯 편안하다.

반면 손놀림이 능숙해 보이는 남자가 삼손의 머리카락을 잘라 내고 있고, 문 밖의 사람들은 삼손의 힘이 빠지고 난 뒤 들어올 준비를 하고 있다.

페테르 파울 루벤스 | 1609-1610년 | 목판에 유채 | 185×205cm |
런던 국립 미술관, 영국

사자의 입을 찢는 삼손

힘이 장사였던 삼손에 맞서 싸울 만한 사람은 어디에도 없었다.

이스라엘의 적이었던 블레셋 사람들도 삼손만은 어떻게 할 수 없었다.

삼손이 아버지 어머니와 함께 딤나로 내려갔을 때, 포도밭에서 갑자기 어린 사자가 으르렁거리며 달려온다. 이때 삼손에게 하나님의 영이 강하게 내려와서 삼손은 맨손으로 그 사자를 찢어 버린다.

화가는 종교 개혁자인 마틴 루터의 친구로, 나실인인 삼손이 하나님께서 주신 힘으로 사자를 맨손으로 때려잡는 모습을 그리고 있다.

사자의 표정은 당황스러운 듯 보이고, 삼손의 표정은 담담하다.

루카스 크라나흐 | 1520-1525년 | 패널에 유채 | 56.7×38cm | 바이마르 미술 컬렉션, 독일

삼손과 블레셋

머리카락이 잘린 삼손은 힘을 잃어버리고, 결국 블레셋 사람들에게 잡혀 두 눈이 뽑힌 뒤 감옥에서 맷돌을 돌리는 사람이 된다.

블레셋 사람들은 그들이 섬기는 다곤 신상 앞에서 큰 제사를 지낼 때 삼손을 불러낸다.

사람들 앞에서 조롱거리로 삼기 위해서다. 이때 삼손은 하나님께 마지막으로 큰 힘을 달라고 기도하고, 다곤 신전의 기둥을 무너뜨려 3천 명의 블레셋 사람을 죽게 한다.

이 그림은 머리카락이 잘린 삼손이 맷돌을 돌리는 장면이다. 방아 위에서 막대기로 삼손을 찌르는 사람이나 문 사이로 삼손을 바라보는 사람이 삼손을 조롱하는 표정을 띠고 있다.

검은색으로 칠한 머리는 삼손의 머리카락이 다시 자라고 있음을 표현한다.

칼 하인리히 블로흐 | 1863년 | 캔버스에 유채 | 245.5×184cm | 덴마크 국립 미술관, 덴마크

기드온의 전투

이스라엘의 사사였던 기드온은 미디안 족속과의 전쟁을 위해서 군사를 모집한다.

모두 3만 2천 명이 모였는데, 하나님께서 그중 두려워하는 사람들은 돌려보내라고 하셔서 1만 명이 남는다.

하지만 하나님께서는 그중에서도 다시 300명만 남게 하신다. 기드온과 300명의 군사는 나팔과 횃불, 항아리를 들고 미디안 족속과 싸워 크게 이긴다.

이 그림은 사사 기드온이 300명의 군사와 함께 항아리 안에 든 횃불과 나팔을 이용하여 미디안 족속을 물리치는 장면을 묘사했다.

전쟁에서 칼을 들지 않고 나팔을 힘껏 부는 이스라엘 군사들과 대조적으로 미디안 군사들의 얼굴 표정에 어리둥절함과 두려움이 함께 표현되어 있다.

니콜라스 푸생 | 1625-26년 | 캔버스에 유채 | 137×98cm |
바티칸 박물관, 바티칸 시티

엘리사 무덤의 기적

엘리사는 하나님의 말씀을 전하고 많은 기적을 행한 선지자이다.

엘리사가 죽은 뒤 어느 날, 모압 사람들이 떼를 지어 이스라엘 땅을 습격하는 일이 벌어진다.

그때, 이스라엘 사람들이 어떤 죽은 사람을 땅에 묻다가 도적 떼를 보고 그 시체를 엘리사의 무덤에 던지는데, 그 시체가 엘리사의 뼈에 닿자 살아난다.

이 그림은 엘리사의 무덤에 던져진 시체가 엘리사의 뼈에 닿아 다시 살아나는 장면을 그린 것이다. 무덤에서 한 사람이 나와 손을 내밀고 있고, 사람들은 기겁하여 도망가거나 놀란 표정으로 그 사람을 보고 있다.

얀 나헬 | 1596년 | 패널에 유채 | 69.1×60.1cm | 프란스 할스 박물관, 네덜란드

요나와 큰 물고기

선지자 요나는 니느웨 성으로 가 하나님의 말씀을 선포하라는 명령을 받는다.

하지만 하나님 말씀을 거스르는 니느웨 사람들을 만나고 싶지 않았던 요나는 다시스로 가는 배를 탄다.

이때, 하나님께서는 큰 폭풍을 보내 요나가 바다에 빠지도록 하시고 준비하신 큰 물고기로 요나를 삼키게 하신다.

3일 밤낮을 큰 물고기 속에 있던 요나는 하나님 앞에 엎드려 회개한다.

하나님께서는 요나의 기도를 들으시고 그를 다시 니느웨로 보내기 위해 물고기 밖으로 나오게 하신다.

이 그림은 큰 물고기가 요나를 뱉어내는 장면을 그린 것이다.

방금 물고기의 입에서 빠져나온 것처럼 표현이 생생하다.

피테르 라스트만 | 1621년 | 목판에 유채 | 36×52.1cm | 쿤스트 팔라스트 미술관, 독일

선지자 이사야

이사야는 유다의 정치, 종교, 도덕적 부패를 비판하고 유다를 향한 하나님의 심판을 예언하면서 "유다가 살 길은 하나님께로 돌아가는 것뿐이다."라고 외친다.

또 왕의 정책이 하나님의 뜻에 맞지 않을 때 목숨을 걸고 하나님의 뜻을 전한다.

"그가 찔린 것은 우리의 잘못 때문이고, 그가 상처를 받은 것은 우리의 악함 때문입니다. 그가 징계를 받음으로써 우리가 평화를 누리고, 그가 매를 맞음으로써 우리의 병이 나았습니다."

이사야는 이렇게 예수님이 사람들의 죄를 대신 짊어지고 고난을 받으실 것을 예언한 것으로도 유명하다.

이 그림에는 하나님의 말씀이 적힌 두루마리를 펼쳐 든 이사야의 모습이 매우 역동적으로 표현되어 있다.

라파엘로 산치오 | 1512년 | 프레스코 | 이탈리아

Κ ΛΥΤΡΟΥ Η ΧΡΙΣΤΩ
ΙΩ ΚΟΡ

주의 만찬과 광야의 엘리야

엘리야 선지자는 450명의 바알 선지자, 400명의 아세라 선지자와 대결하여 승리함으로써 하나님의 큰 능력을 경험한다.

하지만 이세벨이 자신을 죽이려 한다는 소식을 듣고 목숨을 지키려 도망친다.

하나님의 예언자들이 다 죽고 혼자 남아 있던 엘리야는 절망감에 빠져, 광야의 한 로뎀나무 아래에 앉아 죽기를 기도한다.

그때, 하나님께서 천사를 시켜 빵과 물을 주시고 먹고 마시게 하신다.

이 그림은 화가가 루뱅의 성 베드로 교회의 제단화로 그린 〈거룩한 성찬식〉 중 일부분이다.

가운데는 성찬식의 기원이 되는 〈최후의 만찬〉이 그려져 있고, 성찬식과 연결되는 구약의 일화 〈아브라함과 멜기세덱의 만남〉, 〈유월절〉, 〈만나를 주워 모음〉, 〈광야의 엘리야〉가 이를 둘러싸고 있다.

디르크 바우츠 | 1464-1648년 | 목판에 유채 | 290×180cm | 성 베드로교회, 루뱅

눈물의 선지자 예레미야

예레미야 선지자는 회개하지 않는 이스라엘 백성들에게 하나님의 심판이 임할 것이라고 예언한다.

거짓 선지자들은 평안과 번영을 이야기하며 사람들에게 인기를 얻지만, 멸망과 심판을 선포한 예레미야는 고통을 당한다. 그럼에도 계속 회개를 촉구하지만 이스라엘 백성은 듣지 않고, 결국 예루살렘은 몰락하고 만다.

예레미야는 몰락할 예루살렘을 생각하며 많은 눈물을 흘려서 '눈물의 선지자'라는 소리를 들었다.

이 그림은 지치고 낙심한 채 앉아 있는 예레미야를 그린 것이다.

예루살렘에 닥칠 몰락을 슬퍼하며 고뇌하는 예레미야의 모습이 인상적이다. 멀리 불타는 성읍 속에 돔을 올린 교회가 보인다. 이 도시는 바벨론에게 멸망한 예루살렘이다.

19세기 말까지 이 그림은 〈롯과 불타는 소돔 성〉을 그린 것으로 알려져 있었다.

렘브란트 판 레인 | 1630년 | 패널화 | 58×46cm | 암스테르담 국립 박물관, 네덜란드

엘리 제사장과 사무엘

성전에서 엘리 제사장을 도우며 살아가던 어린 사무엘은, 어느 날 하나님께서 부르시는 소리에 잠을 깬다.

하나님은 사무엘에게 장차 엘리 제사장 집에 닥칠 심판을 예고하신다.

죄를 저지르는 아들들을 그냥 지켜본 것에 대한 책임을 물으시겠다는 것이었다. 사무엘은 안타까운 마음으로 그 말씀을 엘리에게 전한다.

엘리의 옷이 그의 지위를 상징하듯 화려하게 표현된 것에 비해 사무엘의 옷은 매우 소박하게 그려져 있다.

사무엘은 손가락으로 하늘을 가리키고 있고, 엘리 제사장은 당황한 것처럼 보이나 한편으로 예상하고 있었다는 듯한 표정을 짓고 있다.

존 싱글턴 코플리 | 1780년 | 캔버스에 유채 | 196.85×152.10cm |
워즈워스 학당 미술관, 하트퍼드

어린 사무엘

사무엘은 한나가 기도로 낳은 아들이다.

한나는 하나님께 약속한 대로 사무엘이 젖을 떼자 그를 제사장 엘리에게 보낸다. 성전에서 하나님을 잘 섬기며 자라던 사무엘은 어느 날 잠을 자던 중 하나님께서 부르시는 소리를 듣는다. 하나님의 부르심에 응답한 사무엘에게 하나님께서는 앞으로 하실 일들을 말씀하신다.

이 그림은 어린 사무엘이 가지런히 손을 모으고 무릎을 꿇은 채 간절한 표정으로 기도하는 모습을 그렸다.

사무엘의 시선이 모이는 곳에 빛이 발산하여 기도의 응답을 받고 있는 듯한 느낌을 갖게 한다. 초상이라기보다는 기도하는 이미지가 강하게 남는 작품이다.

조슈아 레이놀즈 | 1776년 | 캔버스에 유채 | 89×70cm | 파브르 박물관, 몽펠리에

왕에게 대답하는 다니엘

바벨론에 포로로 끌려간 다니엘은 그곳에서도 여전히 하나님을 잘 섬긴다.

메대 사람 다리오가 온 나라를 다스릴 때 총리가 된 다니엘은 사람들의 음모로 사자 굴에 던져지게 된다.

그러나 그는 그때에도 하나님께 예배하고 기도하는 일을 쉬지 않았고, 하나님의 도우심으로 사자 굴에서 무사히 나오게 된다.

이 그림은 '동물의 화가'로 알려진 브리턴 리비에르가 그렸다.

이 그림에는 일곱 마리의 사자가 등장하는데, 마치 다니엘을 호위하는 것처럼 보인다.

사자 굴에 갇혀 있지만, 뒷짐을 지고 빛이 들어오는 창을 바라보는 다니엘의 모습에서 두려움은 전혀 느껴지지 않는다. 하늘의 하나님께서 하시는 일을 기다리는 듯하다.

브리턴 리비에르 | 1890년 | 캔버스에 유채 | 120×187.9cm | 맨체스터 아트갤러리, 영국

왕비 에스더

에스더는 아하수에로 왕의 아내가 된다.

하만은 모든 귀족 가운데 가장 높은 자리에 있었는데, 자신에게 절하지 않는 유대 사람들을 모두 전멸할 계획을 세운다.

에스더의 사촌오빠인 유대인 모르드개는 이 사실을 알고, 여왕인 에스더에게 하만의 계획을 무마시키라고 청한다.

당시는 왕이 부르기 전에 왕에게 나아가면 아무리 왕비라도 죽을 수 있었다.

하지만, 에스더는 '죽으면 죽으리라'는 결심을 하고 왕에게 나아가 온 유대 사람들의 목숨을 구한다.

이 그림은 왕 앞에 나아가기 전에 '죽으면 죽으리라'고 결심한 왕비 에스더의 모습을 그린 것이다.

에드윈 롱 | 1878년 | 빅토리아 국립 미술관, 멜버른

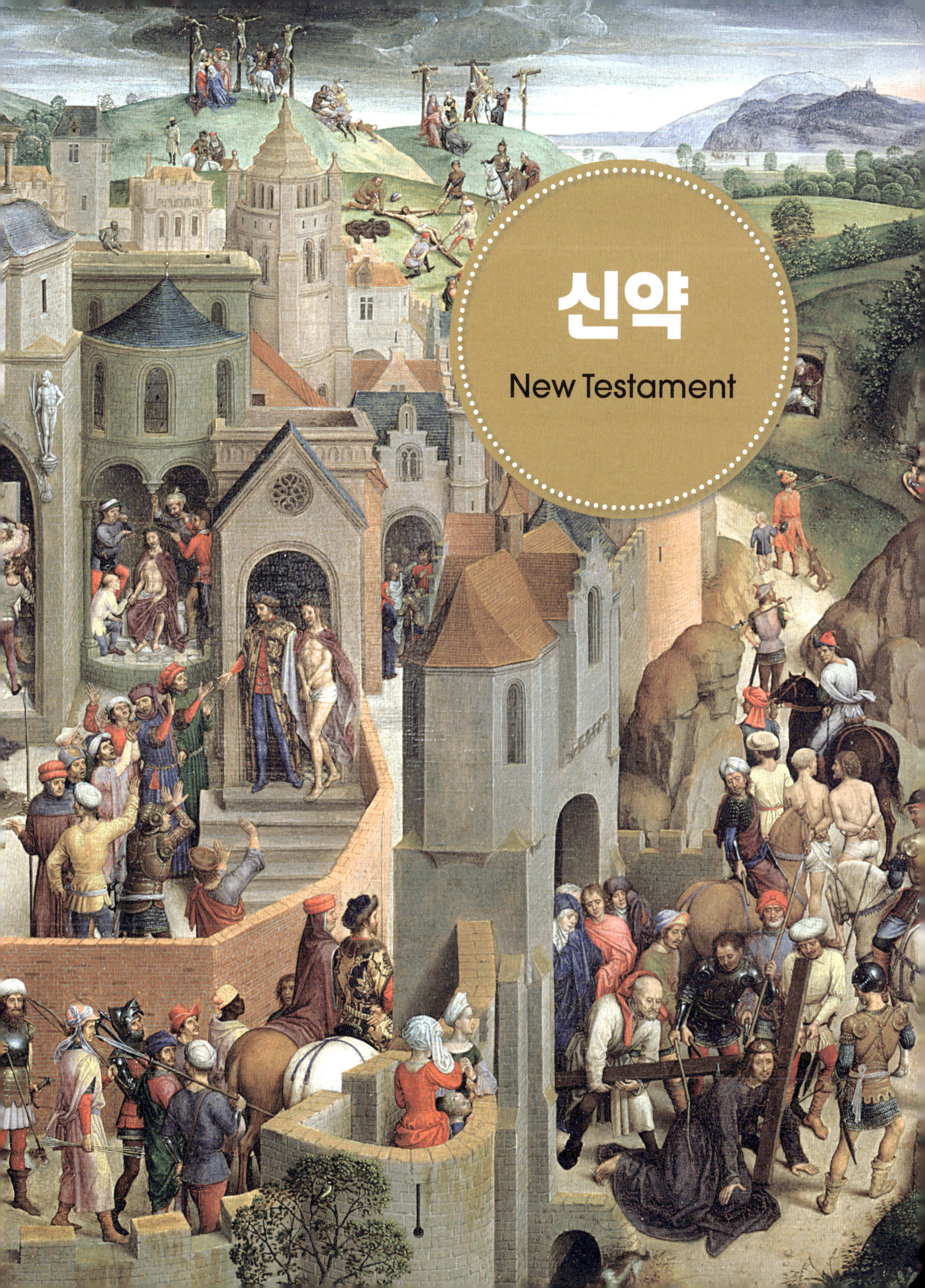

신약

New Testament

수태고지 ①

어느 날 천사가 사가랴에게 나타나, 그와 아내 엘리사벳 사이에 아들이 태어날 것이라고 이야기한다. 6개월이 지난 후 천사는 아직 결혼하지 않은 처녀인 마리아를 찾아가 "네가 잉태해 아들을 낳을 것이다. 그 이름을 예수라 하여라"라고 말한다.

천사가 마리아에게 성령으로 잉태할 것을 알린 일을 '수태고지'라고 한다.

훗날 엘리사벳이 낳은 아기는 예수님보다 6개월을 앞서 예수님이 오시는 일을 전하는 세례 요한이요, 처녀 마리아가 낳은 아기는 세상을 구원하실 예수님이시다.

이 주제를 가지고 레오나르도 다 빈치뿐만 아니라 많은 화가들이 그림을 그렸다. 화가는 15세기 초에 등장한 원근법을 사용하여 마리아와 천사의 저 멀리 항구를 배경으로 그렸나.

레오나르도 다 빈치 | 1472~1475년 | 98×217cm | 우피치 미술관, 피렌체

수태고지 ②

갈릴리 나사렛 마을에 사는 아직 결혼하지 않은 처녀 마리아에게 천사가 나타나 "네가 성령으로 잉태하여 아들을 낳을 것이다"라고 말한다.
그 후 마리아는 아이를 낳았고, 이 아이가 바로 예수님이시다.
찬란한 금빛을 배경으로, 마리아가 갑작스러운 천사의 등장과 메시지에 몸을 틀면서 반응하고 있다. 세밀한 묘사와 표현 기법이 시에나 미술의 정수로 꼽힌다.

시모네 마르티니 | 1333년 | 목판에 템페라 |
265×305cm | 우피치 미술관, 피렌체

예수님의 탄생

나사렛이란 동네에서 살고 있던 요셉과 마리아는 호적을 등록하기 위해 요셉의 고향인 베들레헴을 찾는다. 하지만 호적 등록하러 온 사람이 너무 많아, 두 사람은 머무를 곳을 찾지 못해 헤매어 다닌다.

결국, 요셉과 마리아는 낡고 허름한 마구간에서 하룻밤을 묵게 되고, 바로 그곳에서 예수님을 낳는다.

예수 탄생 소식을 알게 된 동방의 박사들과 베들레헴 목자들이 마구간에 계신 예수님을 찾아와 경배하고, 천사들도 한목소리로 예수님을 찬양한다.

왕권과 평화의 상징인 왕관과 올리브 가지를 든 천사들이 황금 돔으로 상징화된 천상과 지상의 공간 사이에서 조화로운 원을 이루고 있다.

산드로 보티첼리 | 1500년 | 캔버스에 템페라 | 109×75cm | 런던 국립 미술관, 영국

동방박사의 경배

동방에서 별을 연구하던 박사들이 큰 별을 보고 위대하신 왕이 태어날 것을 알고 길을 떠난다. 반짝이는 별의 인도로 베들레헴의 한 마구간에 온 동방의 박사들은, 하나님의 아들이신 예수님께 엎드려 경배하며 황금과 유향과 몰약을 예물로 드린다.

화가는 이 그림에서 동방의 박사들을 각기 노인과 젊은이, 그리고 장년의 남자로 그렸다. 여기에는 신에 대한 경배는 모든 세대를 뛰어넘는다는 깊은 뜻이 담겨 있다.

가운데 유향을 들고 서 있는 사람이 화가 자신의 초상이라는 것이 인상적이다. 그는 자신만의 방식으로 이 뛰어난 작품 안에서 아기 예수님께 경배를 표하고 있다.

알브레히트 뒤러 | 1504년 | 목판에 유채 | 100×114cm | 우피치 미술관, 피렌체

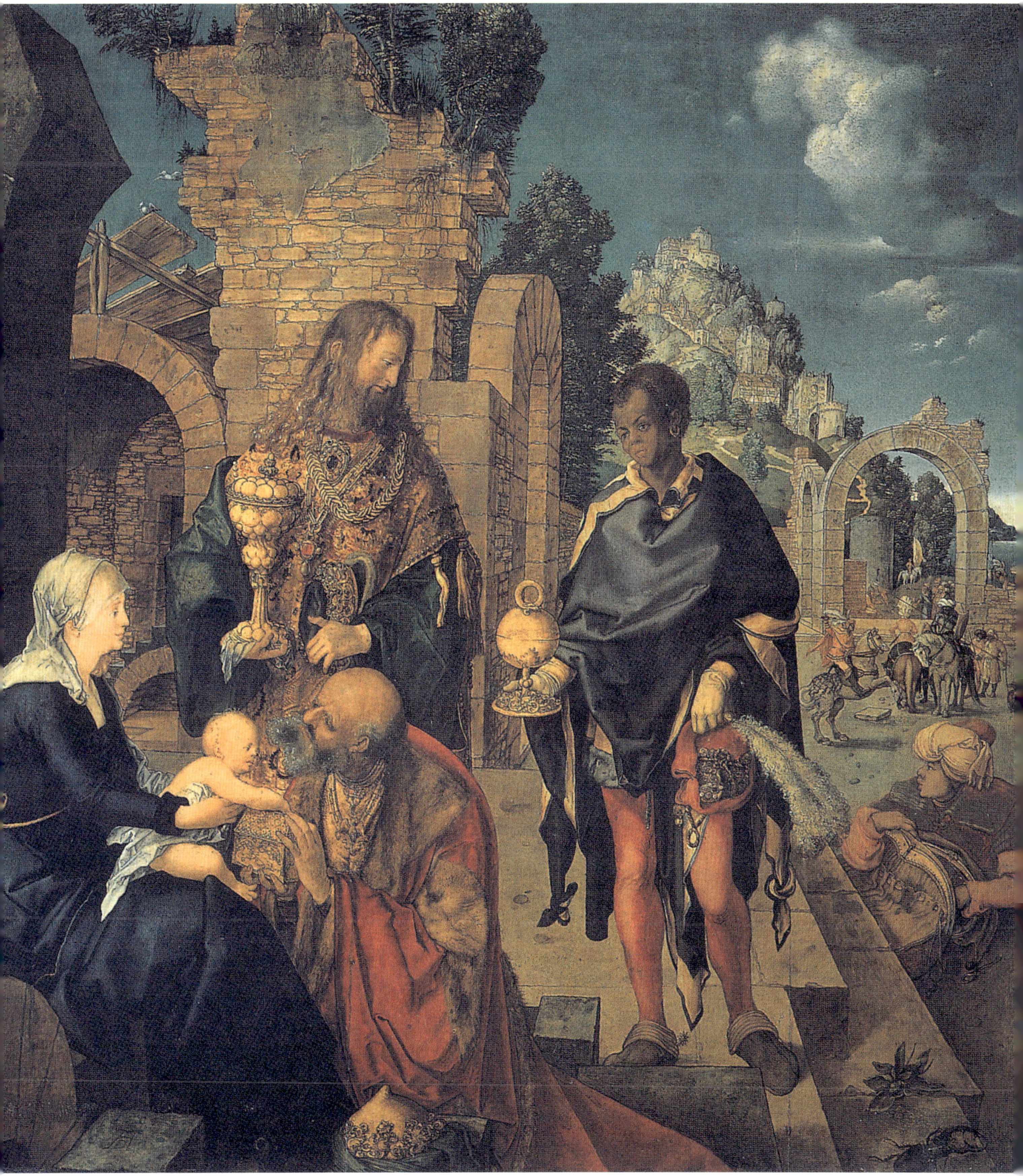

베들레헴 영아 대 학살

동방에서 온 박사들은 유대를 다스리던 헤롯 왕에게 새 왕을 경배하러 왔다고 알린다.

헤롯 왕은 속마음을 숨긴 채, 자신도 새 왕을 경배할 테니 그가 태어난 곳을 알려 달라고 한다.

헤롯은 동방의 박사들이 새 왕을 만난 뒤 돌아오지 않자, 동방의 박사들이 큰 별을 보고 예루살렘에 방문한 시기를 계산하여 베들레헴 근처에 있는 두 살 이하의 남자아이를 학살한다.

이 대 학살로 수많은 아이가 죽임을 당한다.

이 그림은, 대 학살임에도 인물의 수를 제한하여 그렸고, 사실적 표현을 위해 인물을 크게 그린 것이 특징이다.

학살하는 자가 입은 옷과 단검은 이들이 헤롯이 피병힌 군인이 아니라 따로 고용한 암살자임을 상징적으로 나타낸다.

귀도 레니 | 1611년 | 캔버스에 유채 | 268×170cm | 볼로냐 국립 미술관, 이탈리아

이집트로 피신한 아기 예수님

유대 왕인 헤롯은 동방에서 온 박사들에게서 유대의 새 왕이 될 아기가 태어났다는 소식을 듣고 분노한다.
결국, 그는 베들레헴과 그 주변에 살고 있는 두 살 이하의 남자아이를 죽이는 무시무시한 일을 저지른다.
천사가 요셉에게 이 사실을 미리 알려, 요셉과 마리아는 아기 예수님을 데리고 이집트로 피신하여 그곳에서 헤롯이 죽을 때까지 산다.
이 그림은 요셉이 성경이 말하는 것에 좀 더 가깝게 그려진 것이 특징이다. 요셉이 선두로 나서고 그 위에서 천사가 길을 알려 주고 있다.

조토 디 본도네 | 1304~1306년 | 프레스코 | 200×185cm | 스크로베니 예배당, 파도바

목수 공방에서의 예수님과 요셉

베들레헴 마구간에서 태어나신 아기 예수님은 유대 왕 헤롯을 피해 이집트로 갔다가, 헤롯이 죽은 후 다시 갈릴리 나사렛으로 돌아온다.

예수님의 아버지인 요셉은 목수였다. 당시 자녀들이 가업을 이어받았던 풍습에 비추어 볼 때 예수님께서도 어린 시절 목수였던 아버지를 도와 목수 일을 했을 것으로 추측한다.

이 그림은 나사렛에 있는 목수 공방에서 요셉과 예수님이 작업에 열중하고 있는 모습을 그린 것이다.

어린 예수님이 양초를 들고 있는 모습은 이 세상에 빛으로 오신 예수님을 상징하는 것이기도 하다. 뒤에서는 두 천사가 어린 예수님과 요셉을 보며 대화를 하고 있다.

헤리트 반 혼트호르스트 | 1620년 | 에르미타주 미술관, 상트 페테르부르크

성전에서의 토론

예수님께서 열두 살이 되던 해 온 가족이 유월절을 지키기 위해 예루살렘에 올라간다.

유월절이 끝나고 집으로 돌아오는 길에 예수님이 사라져 보이지 않자 마리아와 요셉은 깜짝 놀라 예수님을 찾아다닌다.

두 사람은 마침내 성전에서 율법학자들과 이야기를 나누고 있는 예수님을 발견한다. 어린 예수의 지식과 지혜에 학자들은 모두 놀라며 감탄하고 있었다.

이 그림은 예수님이 성전에서 학자들과 이야기를 나누는 장면을 그린 것이다.

예수님은 학자들 사이에 있고, 요셉과 마리아는 걱정과 놀라움이 섞인 표정을 짓고 있다.

바닥에 떨어진 책들은 학자들이 토론에서 졌다는 것을 상징적으로 나타낸다.

핀투리키오 | 1510년경 | 산타마리아 마조레 성당, 로마

예수님의 침례

예수님은 요단강에서 세례 요한에게 침례를 받으면서 사역을 시작하신다. 세례 요한은 예수님보다 6개월 먼저 태어나 그리스도의 길을 예비하기 위해 사람들에게 "회개하라 천국이 가까이 왔느니라"고 외치고 요단강에서 침례를 베푼 인물이다.

예수님께서 세례 요한에게 침례를 받으시자 성령님께서 비둘기 같은 형상으로 내려오시고, 하늘에서는 "너는 내 사랑하는 아들이다"하는 음성이 들린다.

이 그림은 예수님께서 침례를 받으시는 모습을 그린 것이다.

화가는 예수님의 몸을 마치 대리석으로 된 그리스 신상같이 하얗게 그렸다. 예수님 머리 위의 비둘기가 바로 성령님의 임재를 나타낸다.

요한의 뒤에는 침례를 받기 위해 옷을 벗는 사람이 그려져 있다.

피에로 델라 프란체스카 | 1440년경 | 패널에 템페라 | 167×116cm | 런던 국립 미술관, 영국

사탄의 유혹

예수님께서는 세례 요한에게 침례를 받으신 후 광야에서 40일 동안 금식하신다. 금식을 마치시자 사탄이 예수님에게 세 가지 시험을 한다. 사탄의 세 가지 유혹은 "첫째, 돌을 떡이 되게 하라. 둘째, 성전 꼭대기에서 뛰어내리라. 셋째, 나에게 엎드려 경배하라."였다. 하지만 예수님께서는 사탄의 유혹에 넘어가지 않고, 하나님의 말씀으로 모두 이기셨다.

그러자 사탄은 물러가고 천사들이 내려와 예수님에게 수종을 든다.

화가는 이 그림에서 천사가 타락하여 된 존재가 사탄이라는 것을 보여주기 위해 천사의 날개를 그렸다.

예수님을 시험했던 궁전과 세상이 마치 아이들의 장난감처럼 표현된 것이 특이하다. 마지막 시험까지 물리치셨을 때 예수님을 섬기러 왔던 천사의 모습도 함께 그렸다.

두초 디 부오닌세냐 | 1308~1311년 | 목판에 템페라 | 43×46cm | 프릭컬렉션, 뉴욕

세베대의 두 아들을 부르심

예수님께서 가장 먼저 부르신 제자는 안드레와 베드로이다. 둘 다 어부 출신이다.

두 제자를 부르신 후 두 번째로 부르신 제자가 바로 세베대의 두 아들이다. 이들도 어부였고, 이름은 야고보와 요한이다.

요한은 성경 요한복음과 요한 1서, 2서, 3서의 저자이며, 제자들 중 맨 마지막까지 살아남아 요한계시록을 남기기도 했다.

이 그림은 예수님이 세베대의 아들 야고보와 요한을 부르시는 장면을 그린 것이다. 예수님의 좌우에 있는 사람이 베드로와 안드레이며, 배에서 내리는 두 사람이 야고보와 요한이다.

배 안에 있는 사람은 세베대로, 아들들이 예수님의 부르심을 받는 모습을 지켜보고 있다.

마르코 바사이티 | 1510년 | 패널에 유채 | 385×267cm |
베네치아 아카데미아 미술관, 이탈리아

가나의 혼인 잔치

예수님께서 공생애 첫 표적을 행하신 곳이 가나의 혼인 잔치다.
잔칫날 포도주가 떨어지자 예수님의 어머니 마리아가 예수님께 그 상황을 알리고 하인들을 향해 "너희에게 무슨 말씀을 하시든지 그대로 하라"고 당부한다.
예수님의 말씀에 하인들이 여섯 항아리에 가득 채운 물을 떠 연회장 사람들에게 갖다 주니, 그 물이 포도주로 변해 있었다.
하지만, 이 표적을 아무도 알지 못하였으나 물 떠온 하인들만 알게 되었다.
하인들의 온전한 순종으로 더 질 좋은 포도주를 연회장에서 맛보게 된다.
이 그림은 원래 베네치아의 산 조르지오 마지오레 교회 수도원의 식당을 장식하기 위해 제작되었다가 1799년에 루브르로 옮겨졌다.
화가는 자신을 포함한 당대의 유명한 화가들도 혼인 잔치에 참가한 것처럼 보이기 위해 그들의 초상화를 그려 넣었다.

파올로 베로네제 | 1562~1563년 | 캔버스에 유채 | 666×990cm | 루브르 박물관, 파리

갈릴리 호수의 폭풍

예수님께서는 제자들과 함께 갈릴리 지역을 돌아다니면서 말씀을 전하셨는데, 가시는 곳마다 사람들이 많이 몰려들었다.

어느 날, 예수님과 제자들이 탄 배가 사나운 바람을 만나 배에 물이 들이치는 매우 위험한 상황을 맞게 된다. 그런데 두려워하는 제자들과 달리 예수님께서는 편히 주무시고 계실 뿐이다.

제자들이 예수님을 깨우자, 예수님은 제자들에게 믿음이 적다고 말씀하시면서 바람을 잔잔하게 하신다.

이 그림은 배가 지금, 이 순간 폭풍을 만나고 있는 것처럼 보이는 현실적인 묘사가 인상적이다. 당황한 제자들은 폭풍과 사투를 벌이고 있고, 거대한 파도는 배를 집어삼킬 듯한 기세로 몰려온다.

밧줄을 잡고 구토를 하는 제자들과 달리 예수님은 평온함을 유지하고 있다.

이 작품은 보스턴에 있는 이사벨라 스튜어트 가드너 박물관에서 보관하던 중 1990년 도둑맞았다.

렘브란트 판 레인 | 1633년 | 캔버스에 유채 | 160×128cm | 소장처 미상

맹인의 치유

제자들이 맹인을 보고 예수님께 이 사람이 맹인이 된 것은 누구의 죄 때문이냐고 묻는다.

예수님께서는 "누구의 죄 때문이 아니라 하나님께서 하시는 일을 나타내고자 하신 것"이라고 대답하신다. 그리고 땅에 침을 뱉어 진흙을 이겨 그의 눈에 바르시고, "실로암 못에 가서 씻으라"고 하신다.

맹인이 예수님의 말씀대로 가서 씻자 눈이 밝아진다.

이 그림은 예수님께서 직접 맹인의 눈에 진흙을 바르는 모습을 그렸다. 지팡이에 기대 있던 맹인이 치유함을 받고 더 이상 지팡이가 필요하지 않아 던져 버리는 모습을 함께 그림으로써 기적이 일어났음을 보여 준다.

두초 디 부오닌세냐 | 1308~1311년 | 마에스타 제단의 프레델라 | 런던 국립 미술관, 영국

마르다와 마리아의 집을 방문하신 예수님

베다니 마을에 마리아와 마르다, 나사로 삼남매가 살고 있었다.

어느 날 예수님께서 이들의 집을 방문하시자, 마르다와 마리아가 예수님을 반갑게 맞이한다.

자신은 음식 준비하느라 바쁜데 앉아서 얘기만 듣고 있는 마리아가 불만이었던 마르다는 예수님께 불평을 늘어놓는다.

이 그림은 음식을 준비하고 있는 마르다와 예수님의 발 앞에 주저앉아 예수님의 말씀을 귀 기울여 듣는 마리아의 모습을 그린 것이다.

요하네스 페르메이르 | 1654~1655년 | 캔버스에 유채 | 160×142cm |
스코틀랜드 국립미술관, 에딘버러

죽은 나사로를 살리심

나사로가 병들어 죽게 되었다는 소식을 예수님께서 들으신다. 예수님과 제자들이 베다니에 도착했을 때는 나사로가 죽은 지 이미 4일이나 지난 뒤였다.

아끼는 나사로를 잃고 눈물을 흘리신 예수님은 나사로의 무덤을 향해 "나사로야 나오너라." 하고 말씀하신다. 그러자 온몸이 붕대로 감긴 채 나사로가 무덤에서 뚜벅뚜벅 걸어 나온다.

나사로를 동굴로 된 무덤에서 걸어 나오는 것으로 표현하지 않고 관에서 일어나는 것으로 표현한 것이 특이하다.

헤르트헨 토트 신트 얀스 | 1480년 | 패널에 유채 | 127×97cm | 루브르 박물관, 파리

어린 아이들을 축복하시는 예수님

예수님께서 계신 곳에는 언제나 사람이 많았다. 특히 예수님께서 만져 주시길 바라고 어린 아기를 데리고 온 여인들이 많았다.

제자들이 그들을 꾸짖자, 예수님께서는 그 어린아이들을 불러 가까이 오게 하신다. 그리고 "어린 아이들이 내게 오는 것을 용납하고 금하지 말라 하나님의 나라가 이런 자의 것이니라" 고 말씀하신다.

이 그림은 예수님 주위로 자기 아이들을 데려가려고 앞다투고 있는 사람들의 모습을 그렸다. 예수님의 표정은 평온하고 따뜻하며, 이 상황이 어리둥절한 어린아이의 얼굴도 재미있다.

니콜라스 마스 | 1652~1653년 | 캔버스에 유채 | 218x154cm | 런던 국립 미술관, 영국

돌아온 탕자

예수님께서 바리새파 사람들과 율법학자들에게 이런 비유를 들어 말씀을 전하셨다.

둘째 아들이 아버지에게 미리 유산을 받아 멀리 타국 땅에 가서 살았다. 둘째 아들은 그곳에서 허랑방탕한 생활을 하다 돈을 다 탕진하고 돌아왔지만, 아버지는 모든 것을 다 잃고 돌아온 아들을 기쁘게 맞이했다.

탕자는 축 쳐진 모습으로 힘 없이 걸어 왔지만, 아버지는 먼저 알아보고 달려가 품에 안고 기쁘게 맞아 주셨다. 그리고 돌아온 탕자를 위해 잔치도 베풀어 주셨다.

화가는 이 그림에서 둘째 아들을 정말 초라하고 볼품없게 그렸다.

둘째 아들은 아버지 품에 안겨 있고, 아버지의 얼굴은 기쁨에 차 있다.

아버지 옆에 앉은 검은 모자를 쓴 이는 맏아들이다. 방탕한 생활을 했던 동생을 환대하는 아버지의 모습에 불만이 가득해 보인다.

렘브란트 판 레인 | 1669년 | 캔버스에 유채 | 262×205cm |
에르미타주 미술관, 상트 페테르부르크

선한 사마리아 인

예수님께서는 누가 진정한 이웃인지 비유를 들어 말씀하셨다.
한 사람이 강도를 만나 쓰러져 있는데, 제사장과 레위 사람은 그를 보고도 돕지 않고 그냥 지나쳐 갔다. 하지만, 사마리아 한 사람은 쓰러진 그 사람을 정성껏 돌보고 치료해 주었다.
강도 만난 사람의 진정한 이웃은 제사장이나 레위 사람이 아닌 사마리아 사람이었다.
이 그림은 예수님께서 비유로 설명하신 선한 사마리아 인을 그린 것이다. 강도에게 공격을 당해 피를 흘리고 의식을 잃은 사람을 사마리아 인이 올리브 기름으로 치료해 주고 있다.

아담 엘스하이머 | 1605년경 | 루브르 박물관, 파리

산상수훈

마태복음 5~7장에는 예수님께서 산에 올라가 제자들에게 말씀을 전하시는 내용이 나온다. 그래서 이 말씀을 '산상수훈'이라고 부른다.

예수님은 이때 여덟 가지의 복을 비롯해서 사회적 의무, 구제, 기도, 금식, 이웃 사랑에 대해서 가르치셨다. 이 말씀은 유대 사람들이 믿고 있었던 율법의 전통과는 사뭇 다른 가르침이었기 때문에 모두 듣고 놀라움을 금치 못했다.

화가는 이 그림을 포함해서 예수님의 일생을 23개의 성화로 구성해 덴마크 왕실 안에 그려 넣었다. 지금은 왕궁이 박물관으로 개방되어 대중에 전시되고 있다.

예수님의 오른손이 하늘을 가리키고 있는 것은 하나님 나라에 대한 이야기를 하고 있음을 의미한다. 이야기를 듣는 사람들의 표정과 동작이 매우 생생하다.

칼 하인리히 블로흐 | 1877년 | 캔버스에 유채 | 104×92cm |
덴마크 국립역사 박물관, 덴마크

오병이어

예수님을 따르는 무리들은 어딜 가나 많았다.

예수님께서 사람들에게 말씀을 전하시다 보니 어느덧 저녁 먹을 때가 되었다.

예수님은 사람들을 앉게 하신 뒤, 한 어린아이가 가져온 빵 다섯 개와 물고기 두 마리를 들어 축복 기도를 하시고 앉아 있는 사람들에게 나눠 주셨다.

이날, 빵 다섯 개와 물고기 두 마리로 5천 명이 배불리 먹고 12 광주리나 남았다.

이 그림은 무리별로 나뉘어 빵과 물고기를 먹는 사람들, 음식을 나눠 주는 제자들, 그리고 하늘을 우러러보면서 축복 기도를 하시는 예수님까지 오병이어의 이야기를 모두 표현하고 있다.

람베르트 롬바르드 | 16세기 초 | 패널에 유채 | 104×110cm |
안트베르펜 록콕스 하우스, 벨기에

겟세마네 동산의 기도

예수님께서는 제자들과 마지막 저녁 식사를 하시고 베드로, 야고보, 요한과 함께 겟세마네 동산으로 가신다.

그곳에서 예수님께서는 괴로운 심정으로 기도하시고, 제자들에게도 기도할 것을 부탁하신다. 곧 십자가의 길을 가야 하기 때문이다.

그러나 예수님께서 제자들에게 세 번이나 부탁하셨는데도 제자들은 졸음을 참지 못하고 잠이 든다.

이 그림은 예수님께서 언덕 위에서 홀로 기도를 끝내셨을 때 천사가 내려와 예수님을 위로하는 장면을 그린 것이다.

베드로와 야고보, 요한은 언덕 밑에서 아무것도 모르는 채 잠을 자고 있다.

높은 산에서 예수님께서 거룩한 모습으로 나타나셨을 때에도 이들은 함께 있었다. 하지만 예수님께서 가장 힘들어 하셨던 이때는 잠을 자고 있다.

산드로 보티첼리 | 1485~1490년 | 왕실예배당, 그라나다

예수님의 거룩한 변모

예수님께서 베드로, 요한, 야고보를 데리고 산에 올라가셨다.

그곳에서 예수님 모습이 변하였고 양 옆에는 모세와 엘리야가 있었다. 베드로가 이곳에서 초막 셋을 짓고 살자고 했을 만큼 그 모습은 아름다웠다.

같은 시간, 산 아래에서는 나머지 9명의 제자들이 귀신 들린 아이를 고치려 하고 있었다. 하지만 제자들은 귀신 들린 아이를 고치지 못했으며, 예수님께서 내려오셔서 이 아이를 고쳐 주셨다.

이 그림은 같은 시간에 일어난 두 사건을 함께 그렸다. 윗부분에는 변모하신 예수님께서 모세, 엘리야와 함께 계시는 모습과 베드로, 요한, 야고보의 모습이 그려져 있다.

아랫부분은 산 아래에서 나머지 9명의 제자들이 귀신 들린 아이를 고치려고 노력하는 장면이 나와 있다.

라파엘로 산치오 | 1520년 | 목판에 유채 | 405×278cm | 바티칸 미술관, 바티칸 시티

예루살렘 입성

예수님께서 나귀 새끼를 타고 제자들과 함께 예루살렘에 들어가실 때 많은 사람이 종려나무 가지를 흔들며 예수님을 환영한다.

그들은 겉옷을 벗어 바닥에 깔아 놓고, "호산나, 다윗의 자손 예수여!" 환호하며 예수님을 맞이한다. 그들은 예수님이 자신들을 로마의 압제에서 구해 주실 진정한 왕이라고 생각했던 것이다.

그림 속에는 손을 높이 든 사람, 옷을 바닥에 까는 사람, 나무에 오른 사람 등 다양한 사람들의 모습이 담겨 있다. 화가는 프랑스 루이 14세 때 궁정 화가를 지냈다.

당시의 시대상이 반영되어 예수님의 입성 모습이 실제보다 조금 화려하게 표현되어 있다는 것을 느낄 수 있다.

샤를 르 브룅 | 17세기 | 캔버스에 유채 | 153×214cm | 생 테티엔 산업미술 박물관, 프랑스

성전을 깨끗하게 하신 예수님

예루살렘 성전에 들어가신 예수님은 그곳에서 장사하는 사람들을 보시고 분노하신다.

예수님께서는 "하나님의 성전은 기도하는 집이다. 그런데 성전 안에서 장사를 하다니 성전이 강도의 소굴과 같다."라고 하시며 돈을 바꿔 주는 사람들, 소와 양과 비둘기를 파는 사람들을 내쫓으신다.

이 그림 속 예수님께서 손에 쥐고 있는 것은 밧줄로, 밧줄 한 움큼을 채찍으로 사용하신 것처럼 묘사했다.

떨어진 동전을 줍는 사람, 이교도의 제단 위에 계산대를 놓은 사람, 성전이 마치 목장인 양 늘어서 있는 소 등 인간의 추악함이 가득한 성전의 모습이 곳곳에 표현되어 있다.

체코 델 카라바조 | 1610~1615년 | 베를린 국립 회화관, 독일

시몬의 집에 가신 예수님

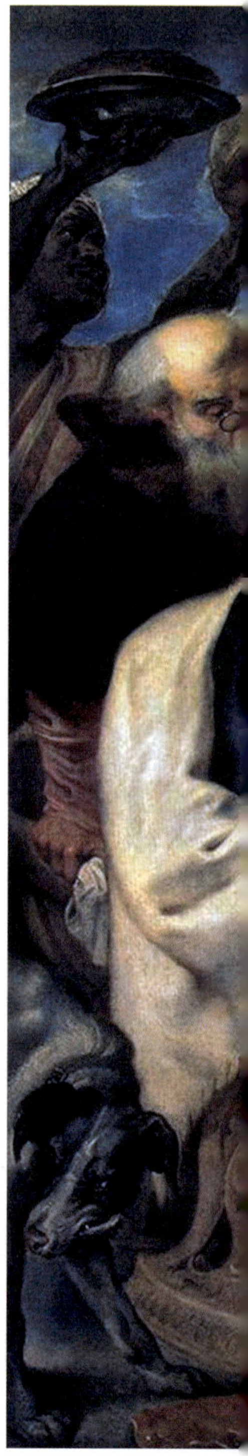

예수님께서 베다니에 있는 시몬의 집에 계실 때, 한 여인이 값진 향유가 든 옥합을 들고 와 예수님의 머리에 향유를 붓는다.

그 자리에 있던 가룟 유다는 그것을 팔면 가난한 사람을 많이 도와줄 수 있다면서 그녀를 책망한다. 당시 향유가 매우 값진 것이었기 때문이다.

하지만 예수님께서는 이 여인의 행동이 복음이 전파되는 곳마다 전해져서 모두가 이 여인을 기억하게 될 것이라고 말씀하신다.

이 그림은 여인이 향유가 든 옥합을 깨뜨려 예수님의 발을 적신 뒤, 자신의 머리털로 예수님의 발을 씻어 주는 모습을 그렸다.

마태복음에는 예수님의 머리에 향유를 부은 것으로 되어 있지만, 요한복음 6장에는 예수님의 발에 향유를 붓고 자신의 머리털로 발을 닦았다고 기록되어 있다. 화가는 아마도 요한복음 6장의 내용을 그린 것으로 보인다.

페테르 파울 루벤스 | 1618~1620년 | 캔버스에 유채 | 189×254.5cm |
에르미타주 미술관, 상트 페테르부르크

최후의 만찬

로마 군사들에게 잡히시기 전, 예수님께서는 12명의 제자들과 함께 유월절 저녁 식사를 하신다. 예수님께서 지시하신 대로 유월절을 준비한 제자들은 예수님과 즐거운 식사를 하고 있었다.

이때 예수님은 제자들 중 한 명이 자신을 배반할 것이라고 말씀하신 뒤, 떡과 잔을 나눠 주면서 주의 만찬을 하신다.

이 그림은 12명의 제자들과 최후의 만찬을 하시는 예수님의 모습을 그린 것이다. 식탁에 성만찬을 하셨던 빵과 포도주 잔이 보인다.

왼쪽에서 다섯 번째가 예수님을 판 가롯 유다이다. 그는 오른손으로 돈을 잡고 있다.

예수님이 부활하신 후 그의 몸에 난 상처를 보기 전에는 믿을 수 없다고 한 도마는 오른쪽에 집게손가락을 보이는 사람이다.

레오나르도 다 빈치 | 1495~1497년 | 회벽에 템페라와 유채 | 460×880cm |
산타마리아 델라 그라치에 수도원, 밀라노

베드로의 발을 씻어 주시는 예수님

예수님께서 최후의 만찬을 하시기 전에 제자들의 발을 하나하나 씻어 주신다.
베드로가 자신의 발은 절대 씻어 주실 수 없다고 하자, 예수님은 "내가 발을 씻어 주지 않으면 너와 나는 아무 상관이 없게 된다."라고 말씀하신다.
이 그림에는 예수님이 옷을 입고 계시는 모습으로 그려져 있다. 화가는 1878년 똑같은 그림을 그렸는데 그때는 예수님의 상체가 드러나게 그렸다. 예수님의 상체가 드러난 그림은 맨체스터 갤러리에 소장되어 있다.

포드 매독스 브라운 | 1852~1856년 | 캔버스에 유채 | 116.8×133.3cm | 테이트 갤러리, 런던

유다의 입맞춤

가롯 유다는 예수님이 정치적인 구원자가 아닌 것을 알고 나서 실망하여, 대제사장과 장로들에게 예수님을 팔아넘기기로 하고 그들과 거래를 한다.
유다는 예수님께 입맞춤을 함으로, 어두워서 누가 예수님인지 모르는 무리들에게 신호를 보낸다. 그날 밤 유다의 배신으로 예수님은 무리들에게 체포된다.
화가는 가롯 유다가 예수님을 배신하는 순간을 그렸다. 무거운 푸른색으로 그려진 하늘 아래 붉은 횃불과 머리 위로 높이 치켜든 칼과 몽둥이가, 성난 군중들의 마음을 역동적으로 표현하고 있다.
유다는 예수님의 앞길을 가로막듯 서서 입맞춤을 하고 있고, 예수님은 모든 것을 알고 있다는 표정을 짓고 계시다.

조토 디 본도네 | 1304~1306년 | 프레스코 | 200x185cm | 아레나 성당, 이탈리아

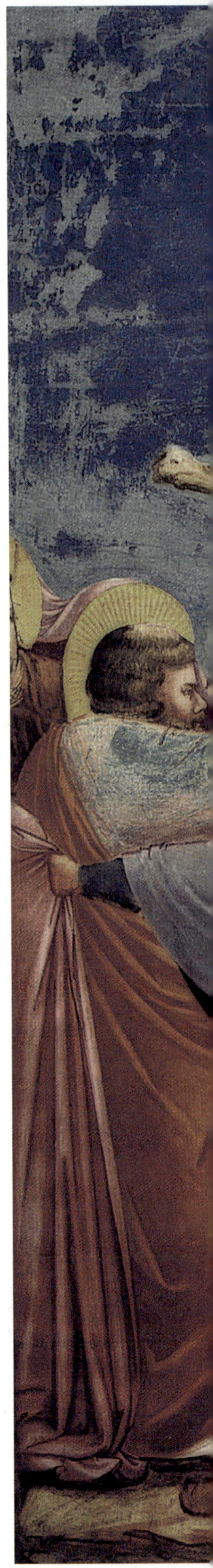

체포되는 예수님

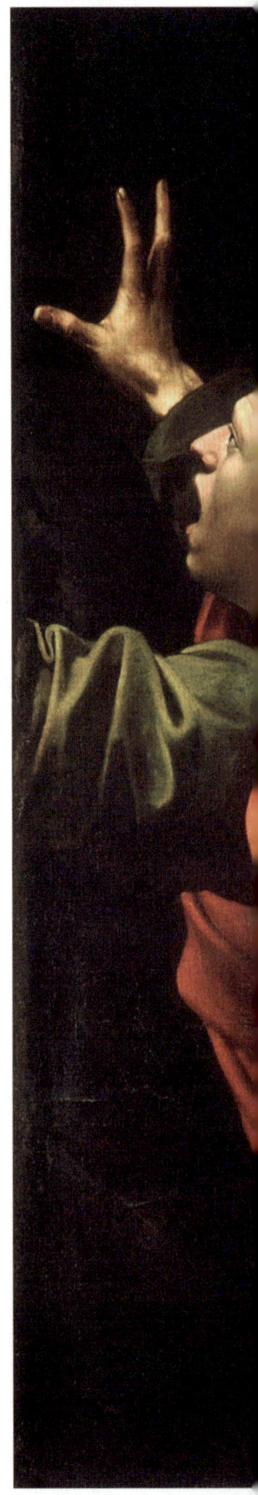

가룟 유다는 예수님의 머리에 향유를 부은 사건이 있고 나서 대제사장을 직접 찾아가 예수님을 넘겨주겠다고 말한다.
대제사장은 유다의 말을 듣고 무척 기뻐하며 그에게 돈을 주기로 약속한다. 기회를 엿보고 있던 유다는 예수님이 겟세마네 동산에 기도하러 가신 순간을 택해 무장한 사람들을 데리고 간다.
입맞춤으로 신호를 보낸 유다는 예수님을 넘겨주고 은 30개를 받는다.
화가는 이 그림에서 가룟 유다의 얼굴과 예수님의 얼굴을 대조적으로 그렸다.
유다는 뻔뻔한 얼굴로 입을 들이밀고 있고, 예수님의 얼굴엔 슬픔이 가득하다. 예수님은 이 모든 것을 다 받아들이시는 듯 두 손을 깍지 낀 채로 서 있다. 예수님 뒤에 있는 사람은 사도 중 한 명으로, 잔뜩 겁에 질려 있다.
등불을 들고 있는 인물은 아마도 화가 자신인 것으로 보인다.

카라바조 | 1602년 | 캔버스화 | 133.5×169.5cm | 아일랜드 국립 미술관, 더블린

제사장 앞에 서신 예수님

예수님께서는 유다의 배신으로 겟세마네 동산에서 붙잡혀 대제사장 가야바에게로 끌려가신다.

그곳에서 많은 사람이 예수님을 죽이기 위해 거짓 증거를 찾으려 애쓰지만, 아무도 찾을 수가 없다.

마침내 두 사람이 나서서 "이자가 사람의 손으로 지은 이 성전을 허물고 사흘 안에 다시 세울 수 있다고 했습니다."라고 거짓 증언을 한다.

대제사장 뒤 검은 옷을 입고 선 두 사람이 바로 이 거짓 증인들인 것으로 보인다.

팔짱 낀 사람과 손가락질을 하는 대제사장의 모습은 완고해 보이고, 그에 반해 예수님은 아무 말 없이 조용히 계시는 듯 보인다. 그러나 실제로 예수님에게 빛이 집중되어 나옴으로써 그분만이 우리의 빛이 되심을 간접적으로 나타내고 있다.

헤리트 반 혼트호르스트 | 1617 | 캔버스에 유채 | 272×183cm | 런던 국립 미술관, 영국

골고다 가는 길

빌라도는 민중들의 폭동이 두려워 아무런 죄가 없으신 예수님을 사람들에게 내어 주고 무리들의 요구대로 십자가형을 명령한다.

예수님께서는 십자가를 직접 지시고, 거칠고 험한 골고다 언덕길을 오르셨다. 골고다는 '해골'이라는 뜻이다. 이 길을 '비아 돌로로사'라고도 부른다.

이 그림은 십자가를 지고 골고다 언덕길을 가시는 예수님의 모습을 그린 것이다. 십자가를 지신 예수님 뒤로 예수님을 따르던 사람들이 보인다.

예수님의 어머니 마리아를 위협하여 예수님과의 사이를 갈라 놓고 예수님의 목에 밧줄을 묶어 잡아당기는 로마 군인들의 표정이 위협적이다.

시모네 마르티니 | 1336~1342년 | 패널에 유채 | 30×20cm | 루브르 박물관, 파리

골고다 언덕

십자가를 지고 골고다 언덕(비아 돌로로사)을 오르신 예수님은 두 명의 죄인과 함께 십자가에 못 박히신다.

예수님의 십자가를 중앙으로 좌우에 두 죄인의 십자가가 세워진다. 예수님께서는 십자가에서 자신을 조롱하고 핍박하는 사람들을 보면서 저들의 죄를 용서해 달라고 하나님께 기도하신다.

이 그림은 화가가 그린 〈제노 제단화〉에 속한 작은 그림이다.

〈제노 제단화〉는 480×450cm의 대형 그림에 세 개의 작은 보조 그림으로 구성되어 있다.

이중 아래쪽 중앙에 위치한 작은 그림이 〈골고다 언덕〉이다. 슬퍼하고 있는 여인들의 모습과 주사위를 던지는 병사들의 모습이 대조적이다.

안드레아 만테냐 | 1457~1460년 | 패널에 유채 | 76×96cm | 루브르 박물관, 파리

IN:RI

십자가에 못 박히신 예수님

예수님의 십자가에는 각각 그리스어, 라틴어, 히브리어로 '유대인의 왕, 나사렛 예수'라는 팻말이 달린다.

십자가에 달리신 후, 6시간 동안이나 물과 피를 다 쏟으시는 고통 속에서 오후 3시에 숨을 거두신다. 그때 성전 휘장이 위에서 아래까지 두 쪽으로 찢어지고, 땅이 흔들리며 바위가 갈라진다.

또한, 무덤들이 열리고 사람들이 살아난다. 사람들은 자기들이 정말 하나님의 아들을 죽인 것이 아닌가 하는 두려움에 휩싸인다.

화가는 예수님의 죽음을 검은 배경과 붉은 피로 그림으로써 슬픔이 가득하게 표현했다. 십자가에 달리신 예수님의 얼굴은 평안해 보이지만, 유독 많이 흘린 피가 가슴을 아프게 한다.

디에고 벨라스케스 | 1632년 | 캔버스에 유채 | 250×170cm | 프라도 미술관, 마드리드

ΙΗΣΟΥΣ ΝΑΖΟΙΟΣ ΒΑΣΙΛΕΥΣ ΙΟΥΛΑΙΩΝ
IESVS NAZARÆNVS REX IVDÆORVM

예수님의 시신

아리마대 사람 요셉은 총독 빌라도를 찾아가 십자가에서 죽으신 예수님의 시신을 달라고 요청한다.

빌라도가 그의 요청을 들어주자, 요셉은 예수님의 시신을 가져다가 모시 천으로 싼 뒤 바위를 뚫어서 만든 새 무덤에 정성껏 안치한다. 그런 다음 큰 돌을 굴려 무덤 입구를 막는다.

당시 부자들은 이런 형태의 무덤을 만들었다.

이 그림은 예수님의 시신을 안치하는 모습을 그리고 있는데, 다른 그림과 달리 발 아래에서 바라본 시점으로 그려 발바닥에 난 못 자국을 강조했다. 예수님의 죽음을 슬퍼하는 사람들의 모습이 생생하게 나타나 있다.

안드레아 만테냐 | 15세기 | 패널에 템페라 | 81×66cm | 브레라 미술관, 밀라노

아비뇽 피에타

피에타는 이탈리아어로 '슬픔, 비탄'이라는 뜻으로 예수님의 어머니가 예수님의 시체를 매장하기 전, 마지막으로 죽은 아들을 무릎 위에 안아 본 것을 말한다.

이 내용은 성경에는 기록되어 있지 않다. 마리아가 아들 예수님의 죽음을 슬퍼하는 장면만을 묘사한 피에타는 13세기 독일에서부터 시작됐다.

화가는 예수님의 죽음 앞에서 어머니 마리아가 보여 준 '조용한 슬픔'을 묘사하였다.

마리아는 두 손을 모아 경배하는 자세를 취하고 있고, 사도 요한은 예수님의 머리에서 가시면류관을 벗기고 있다.

막달라 마리아는 향유병을 들고 눈물을 닦고 있다.

앙게랑 콰르통 | 1455년경 | 목판에 유채 | 218×162cm | 루브르 박물관, 파리

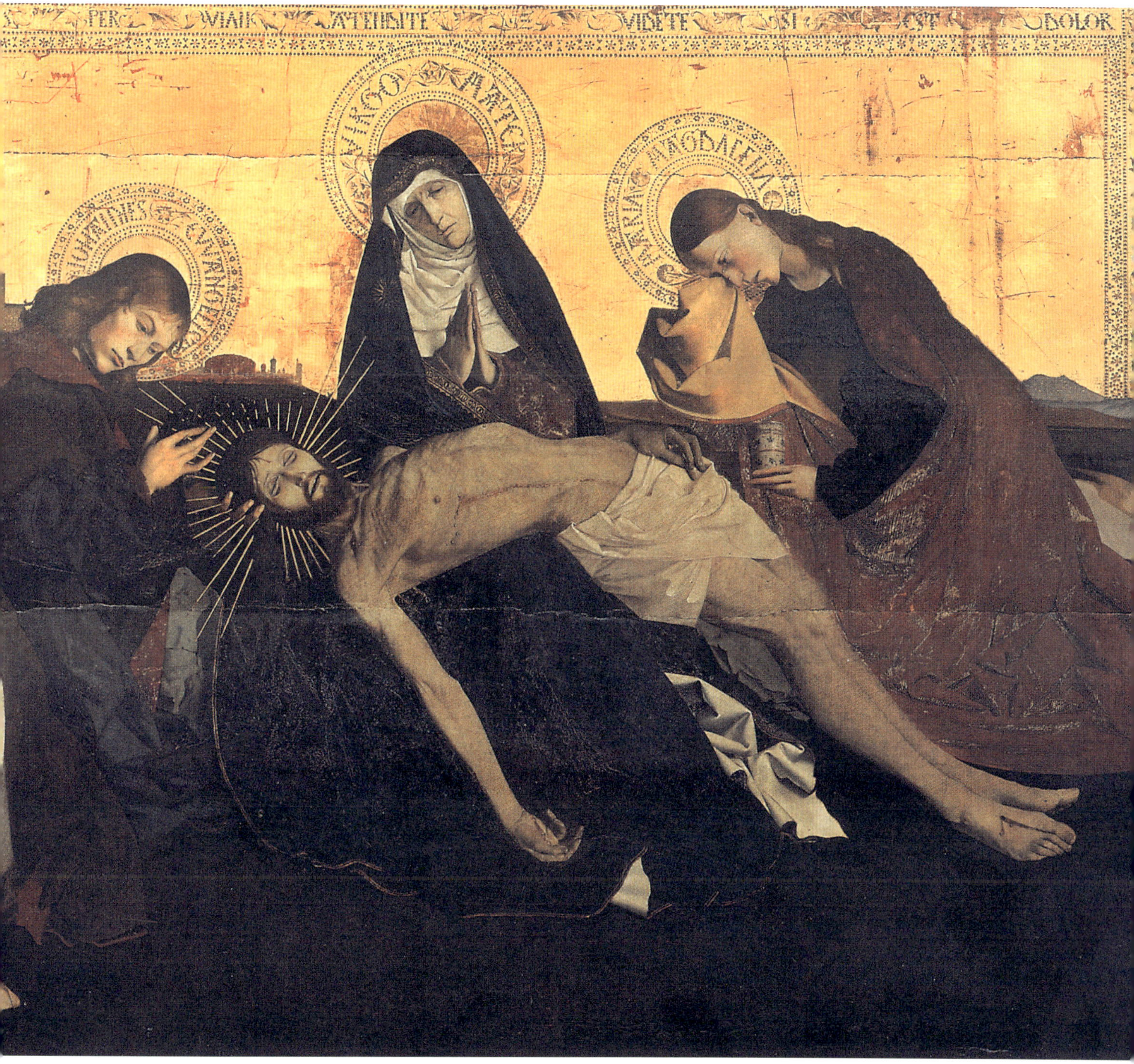
PER VIAM ATTENDITE VIDETE SI EST DOLOR
VIRGO MATER

의심하는 도마에게 보이신 예수님

예수님께서는 십자가에 달려 돌아가신 지 3일 만에 부활하신다.

막달라 마리아가 먼저 부활하신 예수님을 만나고 다른 제자들도 부활하신 예수님을 만난다.

부활하신 예수님을 만나지 못했던 도마는 예수님의 손과 옆구리에 난 상처에 자신의 손가락을 넣어 보기 전에는 믿을 수 없다고 말한다. 이에 예수님께서 의심하는 도마에게 나타나셔서 손과 옆구리를 내밀며 부활하셨다는 것을 알리신다.

이 그림은 예수님께서 도마의 손가락을 잡고 옆구리에 넣고 있는 모습을 그린 것으로, 도마의 얼굴은 혼란과 놀라움이 가득한 표정이다.

도마 뒤에 있는 두 명의 제자들도 예수님의 상처가 진짜인지 궁금한 표정으로 바라보고 있다.

카라바조 | 1601~1602년 | 캔버스에 유채 | 107×146cm | 포츠담 신궁전, 독일

그리스도의 수난

예수님께서는 안식일 다음 날 예루살렘에 입성하신 후 40일 동안 지상에서의 마지막 사역을 하신다.

성전을 깨끗게 하시고, 겟세마네에서 기도하시며, 최후의 만찬을 나누신다. 그런 다음 재판을 받고 십자가를 메고 고난의 골고다로 향하신다. 골고다에서 십자가에 달려 죽으신 예수님은 3일 만에 죽음에서 부활하시고 제자들을 만나신다.

이 그림에는 예수님의 마지막 행적이 모두 들어 있다. 왼쪽 위는 예루살렘의 입성 장면이고, 오른쪽 아래는 골고다로 가시는 모습으로, 십자가 밑에 넘어진 사람이 바로 예수님이시다.

오른쪽 위에는 부활하신 모습, 마리아를 만나는 모습이 그려져 있다.

한스 멤링 | 1470~1471년 | 유화 | 90×55cm | 사바우다 미술관, 토리노

고기잡이 기적과 물에 빠진 베드로

예수님의 제자 중에는 어부가 많았다. 예수님께서 십자가에 돌아가시고 사흘 만에 부활하신 뒤, 제자들은 물고기를 잡으러 갈릴리 호수에 나가 있었다.

밤새도록 고기를 못 잡고 아침을 맞이하려는데, 누군가 그들에게 배 오른편 깊은 데로 가서 그물을 던지라고 말씀하신다. 그 소리를 듣고 그들이 그물을 내리자, 물고기가 153마리나 잡힌다.

순간 베드로는 그분이 예수님이라는 것을 알고 물 위로 뛰어들어 예수님께 나아갔지만 파도를 보고 무서워 빠져 간다.

화가는 고기잡이하는 사람들 주위에 후광을 그림으로써 이들이 단순히 어부만이 아니라 예수님의 제자라는 것을 나타냈다.

당시 후광은 아무에게나 그리지 않았다. 붉은 망토를 입은 분이 예수님이시고, 물에 빠진 사람은 베드로다.

콘라드 위츠 | 1443~1444년 | 제단화 | 제네바 미술역사 박물관, 스위스

엠마오의 저녁 식사

예수님이 부활하셨다는 소식을 듣고 예루살렘에서 엠마오로 가던 두 제자는 길가에서 부활하신 예수님을 만난다.
하지만 이들은 그분이 예수님이신지 몰랐다. 예수님의 가르침에 놀란 이들은 엠마오에서 함께 집에 들어가 식사를 한다.
예수님께서 빵을 들고 감사 기도를 드린 후 떼어 그들에게 나눠 주자, 그들의 눈이 열려 예수님이신 줄 알아본다.
화가는 여인숙 주인까지 등장시키면서 예수님의 이야기에 집중하는 모습을 그렸다.
예수님께서 음식에 축복하시고 감사 기도를 하시는 모습과 함께, 어떤 이야기를 들었는지 깜짝 놀라는 제자의 모습도 오른쪽에 보인다. 왼쪽에 있는 제자는 두 팔로 의자를 잡고 몸을 예수님께로 돌리고 있다.

카라바조 | 1601년 | 캔버스에 유채 | 191×141cm | 런던 국립 미술관, 영국

그리스도의 승천

십자가에 돌아가신 예수님께서는 3일 만에 부활하신다.

이후, 제자들과 500명이 넘는 사람들에게 나타나신 예수님은, 40일 동안 이 세상에 계시면서 제자들에게 예수님의 죽으심과 부활을 증명해 보이셨다.

"예루살렘을 떠나지 말고 약속하신 것을 기다리라"고 말씀하셨고 마지막 복음 전도의 지상 명령을 내리시고 하늘로 올라가신다.

흰옷을 입은 두 천사가 예수님께서 재림하실 것을 알린다.

이 그림에는 예수님께서 승천하시는 모습이 역동적으로 표현되어 있다.

화가는 예수님의 손을 끝부분에 위치시켜 정말 하늘로 올라가는 느낌을 주려고 했다. 좌우에는 천사 합창단과 이스라엘 민족의 조상들이 함께 등장한다.

조토 디 본도네 | 1305년 | 프레스코 | 스크로베니 예배당, 파도바

스데반의 순교

예수님이 하늘로 올라가신 후, 예루살렘 교회에는 예수님을 그리스도로 믿는 사람들이 늘어난다.

신자가 많아지면서 그들을 잘 돌보기가 힘들어지자, 사도들은 구제하고 돌보는 일을 할 7명의 집사를 뽑는다. 스데반은 7명의 집사 중 한 사람이다.

성령의 감동을 받아 열정적으로 복음을 전하던 스데반은 유대 사람들에 의해서 돌에 맞아 순교한다.

그림에서는 열린 하늘로 하나님과 예수님, 그리고 천사들의 모습이 보인다. 천사가 손에 쥔 종려나무 가지는 순교를 의미한다. 오른쪽 손에 옷을 쥐고 있는 사람은 나중에 바울이 되는 사울이다.

피에트로 다 코르토나 | 1660년 | 캔버스에 유채 | 149×261cm |
에르미타주 미술관, 상트 페테르부르크

사울의 개종

사울은 예수님을 믿는 사람들을 핍박하고 잡아들이는 데 적극적인 사람이었다. 그는 예루살렘뿐만 아니라 멀리 다메섹에까지 예수님을 믿는 사람들을 잡으러 다녔다.

길을 가던 중 사울에게 빛이 쏟아지며 "사울아, 너는 왜 나를 핍박하느냐"하는 예수님의 음성이 들린다. 이때 예수님을 만난 사울은 이름을 바울이라 바꾸고, 예수님이 그리스도이심을 전하는 복음 전도자가 된다.

이 그림은 다메섹으로 가던 사울이 예수님의 환상을 보고 놀라 말에서 떨어진 장면을 마치 연극의 한 장면처럼 생생하게 표현해 냈다.

말에서 떨어진 사울은 두 팔을 벌린 채 눈을 감고 몸부림치고 있다. 말고삐를 잡고 사울을 바라보는 하인의 모습에서 '이 사람이 갑자기 왜 이러나?' 하는 듯한 표정이 보인다.

카라바조 | 1601년 | 캔버스에 유채 | 230×175cm | 산타마리아 델 포폴로 성당, 로마

사울의 눈을 고치는 아나니아

예수님을 믿는 사람들을 잡기 위해 다메섹으로 가던 사울은 도중에 예수님의 음성을 듣는다.

그곳에서 눈이 멀게 된 사울은 다메섹에서 하나님께서 보내신 아나니아를 만난다.

아나니아는 사울을 찾아가라는 하나님의 말씀에 처음에는 놀라지만, 곧 순종한다. 아나니아는 사울에게 하나님의 말씀을 전하고, 안수 기도를 하여 눈을 뜨게 한다.

이 그림은 아나니아가 사울에게 안수기도하는 장면을 그린 것이다. 하늘에서 비둘기가 내려오는 것은 성령의 임재를 뜻한다. 이 기도로 눈을 뜬 사울은 복음을 전하는 바울로 바뀌게 된다.

피에트로 다 코르토나 | 1631년 | 캔버스에 유채 | 128×102cm

베드로의 순교

예수님께서 잡히신 날, 베드로는 예수님을 모른다고 세 번이나 부인한다. 겁쟁이였던 베드로는 부활하신 예수님을 만나고 성령을 받은 후 완전히 다른 사람이 된다.

그는 죽음 앞에서도 두려워하지 않고 예수님이 그리스도이심을 전한다. 베드로의 설교에 많은 사람들이 회개하여 예수님을 구세주로 고백한다.

성경에는 기록되어 있지 않지만, 복음을 전하다 십자가형을 선고받은 베드로가 예수님처럼 똑같이 십자가에 달릴 수 없다면서 거꾸로 매달려 순교했다고 전해진다.

이 그림은 십자가에 거꾸로 매달리는 베드로의 모습을 그리고 있다.

베드로의 모습은 백발에 주름이 깊게 패어 있지만 환한 빛을 받고 있는 반면, 형을 집행하는 사람들의 얼굴은 어둡게 표현되어 있다.

카라바조 | 1600~1601년 | 산타마리아 델 포폴로 성당, 로마

서신을 쓰는 바울

사도 바울은 복음을 전하기 위해 많은 곳을 다녔으며, 복음을 받아들인 사람들이 모인 곳에 교회를 세웠다.

또한, 다른 곳으로 복음을 전하러 다니면서 자신이 세운 교회들에 많은 편지를 썼다.

그렇게 쓴 편지 중 13개(로마서, 고린도전서, 고린도후서, 갈라디아서, 에베소서, 빌립보서, 골로새서, 데살로니가전서, 데살로니가후서, 디모데전서, 디모데후서, 디도서, 빌레몬서)가 신약성경에 포함되어 있다.

히브리서는 학자들마다 견해가 일치하지는 않으나, 바울이 썼다는 견해가 지배적이다.

이 그림은 바울이 교회에 편지를 쓰고 있는 장면을 그린 것이다. 바울은 로마의 시민권을 가지고 있었고 그리스식 교육을 받았기 때문에 학식이 풍부했다.

발랭탱 드 블로냐(추정) | 1618~1620년 | 캔버스에 유채 | 99.38×52.38cm | 파인아트 미술관, 휴스턴

한 권으로 읽는

명화 속 성경나라 구약 신약

초판발행일 | 2025년 11월 5일

지 은 이 | 편집부
펴 낸 이 | 배수현
디 자 인 | 천현정
홍 보 | 배예영
물 류 | 이슬기
문 의 | 안미경

펴 낸 곳 | 가나북스 www.gnbooks.co.kr
출판등록 | 제393-2009-000012호
전 화 | 031) 959-8833(代)
팩 스 | 031) 959-8834

ISBN 979-11-6446-131-8 (03230)

※ 가격은 뒤표지에 있습니다.
※ 잘못된 책은 구입하신 곳에서 교환해 드립니다.

세계 국기 살펴보기

대한민국 Republic of Korea
가나 Ghana
그레나다 Grenada
그리스 Greece
몽골 Mongolia
미국 United States of America(USA)
미얀마 Myanmar
방글라데시 Bangladesh
시리아 Syria
싱가포르 Singapore

그린란드 Greenland
나미비아 Namibia
나이지리아 Nigeria
남아프리카공화국 South Africa
바베이도스 Barbados
베트남 Vietnam
북한 North Korea
베네수엘라 Venezuela
아르헨티나 Argentine
아이슬란드 Iceland

네덜란드 Netherlands
네팔 Nepal
노르웨이 Norway
니카라과 Nicaragua
벨기에 Belgium
베냉 Benin
보츠와나 Botswana
보스니아헤르체고비나 Bosnia and Herzegovina
에티오피아 Ethiopia
에스토니아 Estonia

뉴질랜드 New Zealand
대만 Taiwan
덴마크 Denmark
도미니카공화국 Dominican Republic
볼리비아 Bolivia
브라질 Brazil
브루나이 Brunei
사우디아라비아 Saudi Arabia
오만 Oman
오스트레일리아 Australia

독일 Germany
동티모르 East Timor
라오스 Laos
러시아 Russia
세이셸 Seychelles
세네갈 Senegal
세인트루시아 Saint Lucia
수단 Sudan
온두라스 Honduras
이라크 Iraq

레바논 Lebanon
르완다 Rwanda
리히텐슈타인 Liechtenstein
마다가스카르 Madagascar
소말리아 Somalia
솔로몬제도 Solomon Islands
스리랑카 Sri Lanka
스웨덴 Sweden
이란 Iran
이집트 Egypt

마셜제도
마카오
말레이시아
말리
스위스
스코틀랜드
스페인
슬로바키아
일본 Japan
자메이카 Jamaica

아랍에미리트 United Arab Emirates
아루바 Aruba
이탈리아 Italy
인도네시아 Indonesia
케냐 Kenya
쿠바 Cuba
통가 Tonga
파나마 Panama
헝가리 Hungary
홍콩 Hong Kong

아일랜드 Ireland
영국 United Kingdom(UK)
중국 China
중앙아프리카 공화국 Central African Republic
타지키스탄 Tajikistan
탄자니아 Tanzania
페루 Peru
포르투갈 Portugal

우루과이 Uruguay
우크라이나 Ukraine
캄보디아 Cambodia
캐나다 Canada
튀니지 Tunisia
토고 Togo
핀란드 Finland
필리핀 Philippines

오스트리아 Austria
요르단 Jordan
쿠웨이트 Kuwait
크로아티아 Croatia
파키스탄 Pakistan
팔라우 Palau

이스라엘 Israel
인도 India
태국 Thailand
튀르키예 Türkiye
폴란드 Poland
프랑스 France